擁抱美食　　　　　　　　　同學們

吳亭葳 著　　Sylvia 編審

卡達留學
是怎樣的？

Study abroad QATAR

卡達，我來了！

一場卡達的留學成年禮，帶你一窺留學現場，
認識世足盃之外的卡達，跟著作者結識跨國界的朋友，
闖入富豪世界的人文記趣，了解你所不知道的卡達留學生活！

全台首本 以卡達為主題的人文旅記

目錄 Contents

卡達，
讓我們到此一留！

　　疫情期間送小女兒出國讀書，旅途幾經波折，終於順利抵達西北大學的卡達校區。

　　在短短兩天半的行程中，看見孩子勇敢應對諸多挫折與不便所展現的成熟，讓我稍稍放下心中那塊忐忑不安的石頭，畢竟這是她第一次離家就學，尚未滿 18 歲的年齡，總是令人不捨與不安。

18 歲成年禮，卡達壯遊趣

　　學期中，我們經常用微信彼此聯繫，她很喜歡分享學校裡發生的趣事，或是將認識新同學的情景描繪給我聽。例如剛開學那天碰到的網紅明星，從與同學的交談中，她發現當地人對讀書的觀念，和我們有很大的差距。她們可以因為感到無聊、無趣而暫時休學，然後到處去旅行，等過幾年後再回來讀書。這在我們家或是對許多傳統的家庭而言，是不可能發生的事。學期當中還發生許多超乎她想像的趣事，她也會即時分享給我們。

　　令人安慰的是，當她面對這些異於常規的生活方式（在我們的眼中異於常理，或許對當地人是習以為常），她並沒

有失去原有的界線與原則，而是把她的所見所聞，用輕鬆的口吻分享給我，並且分析這種狀況的利弊得失。

她認為每個人的生活背景不同，追求的目標與方向也不一樣，並沒有什麼好羨慕的，她的回答總讓遠在幾千公里之外的我，備感欣慰，至少不會提心吊膽哪一天突然說不讀書了，或是帶個「油翁」回家。

剛開學的時候，她就很積極地在學校裡面找了一份工作，因為才剛上大學，只能在招生處當講解員，原本想找教授做助理的工作，但是才一年級，學校不允許新生當助教，所以退而求其次地找了這份工作。

我十分贊同她的做法，她分析擔任這份工作可以獲得的好處，例如盡快認識校內許多人和組織架構，以後如果有什麼需求，就可以很快找到適當的對接窗口；這份工作經常要面對許多參訪的家長和學生，還可以加強與人溝通的能力，雖然薪資不高，但這些好處都不是可以用金錢來衡量的。

「一週只要工作十幾小時，絕對不會影響功課！」彷彿看到她做了「包在我身上」的動作，信誓旦旦地安慰我。

開闊眼界，學習擁抱差異

她喜歡美食，記得在上海封控期間，因為沒有阿姨幫忙，她成了我的最佳幫手，當我犯懶或是累了不想做飯時，她可以開心地燒個番茄炒蛋或是義大利麵、煎塊牛排，弄碗酪梨沙拉等，雖然不是什麼了不起的大菜，但是在物資缺乏的特

殊時期，至少我還有個很棒的替手。（雖然她經常把廚房弄得一塌糊塗，但我可不敢抱怨）

因為愛做菜的緣故，當她出國讀書時，也會遍尋各式的美食餐廳，並參考各種評價，偶爾還會主動跟餐廳主廚溝通，詢問做菜的訣竅及配方等，我也經常享受她不時傳來的美味照片。

但是，當她第一個寒假回到台灣的時候，我見面的第一句話：「妳胖了！」讓她頗為傷心，馬上驚覺該控制身材了，開始嚴格的飲食管理與運動健身。

她在卡達認識許多新朋友，分別來自各個不同國家，她經常與我分享對這些不同國家文化的看法。以前我們對中東國家的看法較為膚淺，因為不了解，所以總是對他們抱著一種敬而遠之的態度，但是當她真正踏上這塊伊斯蘭文化的土地之後，逐漸對中東國家有進一步的認知與理解，也打破了許多迂腐的成見。

尊重是打破成見的第一要素。許多事情不一定要完全認同，但是要尊重並理解，因為大家都來自不同的文化背景，不適合把每一個人都設定在相同的模式和框架。

她愛搞笑的個性也是結交朋友的利器。有一次她參加一項學校的心靈成長課程，到寮國待一個多星期。我問她怎麼入選的？她說自己在申請單上直白地寫：「我不知道什麼是心靈成長，所以想實地去了解。」結果就入選了。

接著她輕描淡寫地說，這項心靈成長的訓練課程，其實就是到鄉下踏青，體驗較為原始的生活方式。住在當地人的家裡，沒有冷氣也沒有熱水，還得在戶外用手工壓幫浦打水，因為提供住宿的人家，可能沒有多餘的房間招待學生，有些同學還要打地鋪。但是她覺得這真的蠻好玩的，讓她真實體驗農家的日常生活，只是也真的很累，因為活動很多，的確是一項特殊的磨練課程。

這段期間，她們要學著下田、扛東西走在泥巴路上等，有一次她不小心腳扭了一下（她說其實並不嚴重），老師讓她去旁邊休息，她故意裝著一拐一拐地走到旁邊坐著時，看到一位同學用羨慕的眼神看著她，就悲傷地對老師說，需要人幫忙捏一下腳並攙扶她回去。就這樣兩個人一拐一拐地走回去，等到老師和同學看不到她們的時候，就開心地走回活動中心。就這樣，這位被她叫來捏腳的同學，就成為她的鐵粉了。

友善活力之城，圓一個豐富璀璨的留學之行

我相信，大多數人心中總是暗藏著對阿拉伯國家的好奇與嚮往。從小讀著《天方夜譚》、《阿里巴巴與四十大盜》等故事，總覺得中東充滿著神秘的異國色彩，中國的俗語還喜歡用「富得流油」這些字眼來形容無窮的財富。可見大家對這些蘊藏豐富石油、天然氣資源的中東國家，心中是懷有多麼憧憬與美好的想像，並期待有朝一日能一探究竟。

但是，只有真正踏上這塊土地親自與當地人互動接觸，才能實際體會不同種族和文化的差異性。其實個人覺得世界何其寬廣，不同人種、環境、文化的差異自有其道理。小女年紀輕輕就到了一個五光十色的求學環境，真正體會貧富的鴻溝，也切身感受到不同經濟、文化衝擊下，人的生活真的是雲泥之別，也因為這些經歷，讓她不至於在卡達校區迷了眼。

　　第一次踏上卡達的土地、從機場落地那一刻起、住進飯店、逛街購物等等，卡達給我一種很友善、很有活力的感覺，處處聳立的摩天大樓、美輪美奐的百貨公司、便利的交通運輸、連學生宿舍都遠超原先的預期等等，先前的許多憂慮，在這趟短短的旅行中都煙消雲散，再加上事後屢屢聽到孩子談到許多的經歷和感受，我也深深慶幸她在人生的旅途中，能有這樣一個不平凡的求學經歷。

　　這是我鼓勵她把這些難得的經驗和所見所聞，用文字描寫出來的原因。希望在稍嫌青澀的文字底下，能提供寶貴的經驗談，對將來計劃到卡達留學的學子，或者是對中東國家感到好奇的旅客，都能提供一些具有參考價值的資訊。

跨出同溫層，
真實體驗世界這本大書

2022 年冬天的某一天，我剛結束家教課程，心裡想著要怎麼幫助可愛的小貓（我家教的孩子）提升學習的樂趣。

從別人身上，竟看見過去的我

她是個非常可愛的小女孩，我們剛接觸的時候，彼此就產生很強烈的共鳴。她媽媽說：「之前請了很多家教老師，沒有一個帶得動她。」但是很奇怪，她居然這麼喜歡我，且願意聽我的話。我也覺得跟她特別投緣，所以即使上了大學之後，我還是繼續輔導她的功課。

小貓是個非常有個性的小女孩，她有著與生俱來的運動天賦，在學校不只和男生踢足球，還是一位擊劍高手，雖然個子不高，但是身手靈敏，身材纖細但渾身都是漂亮的小肌肉，據說就連男生都打不過她。

然而，課業卻讓她的母親十分傷腦筋，尤其經常因為在課堂上發呆、走神，讓老師頻頻向家長反映。聽著小貓媽媽困擾的問題，讓我想起小時候獨自掙扎在功課和興趣之間的煎熬，雖然媽媽在教育孩子方面屬於放手的類型，不過我還是會感受到來自四面八方的壓力。其實，我不是不想考高分，

只是當心裡有許多無可名狀的喜好，而功課又是如此無聊的時候，實在很難把腦子完全放在上面。

反觀自己，我也曾經在求學階段遭遇過挫折，每次努力到最後的結果，總是不盡人意，直到高二，我才認清自己的喜好，並且確立未來的目標，然後義無反顧的前行。

不讀死書，走進世界這本大書

也因為如此，我才發現許多艱辛的歷程只要咬著牙，沒有過不去的難關。當你發現，自己離目標越來越近的時候，這些苦都不算什麼了。所以，我很想把這些經驗分享給跟我有同樣遭遇的朋友或學弟妹。

在我進大學的第一年，剛好碰上全球爆發了新冠疫情，我、母親和姊姊 3 個人剛好都在上海，封控期間是人生難得的一次經驗，實在很難想像，在繁華的都市裡還真的有物資缺乏的慘況，家裡甚至發生連米都沒有的窘境。這也是非常值得記錄下來的一段回憶。

最後，就是進入西北大學卡達校區的求學生涯，讓我見識到不同文化和種族的差異，也讓我對中東文化有進一步的了解，至少，不會再愚昧地用有色眼鏡來看待阿拉伯世界。

在這頭一年的留學生涯，我認識了許多新朋友，也學習如何面對各種挑戰，以及更獨立的生活。不得不說卡達的教育環境，對我這種第一次離開家的孩子，是非常友好的！不僅生活條件和環境良好，治安和各項措施也都非常的便利，

這點也讓我的父母十分放心。

　　除此之外，讓卡達被全世界看見的 2022 年世足盃，當然也要帶上一筆，雖然我不是狂熱的足球迷，但是我也是梅西的粉絲，看他最後抱著金盃、披著黑色戰袍，一臉滿足又歡樂地走在領獎台上和隊友們合影，實在令人歡喜又感動。

　　在卡達讀書確實是超乎許多人的想像，很多人聽到我在卡達留學，紛紛表示疑惑：「為什麼要放棄美國的大學，而是選擇西北大學卡達分校？」或許當你們翻開這本書，就能明白箇中原由了。

Maureen Wu

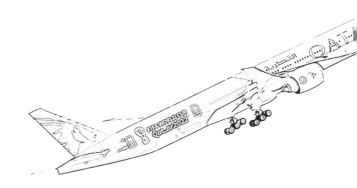

PART 1

邁開步伐，
世界就在我腳下

因為朝思暮想的西北大學拋來橄欖枝，我來到了西北大學卡達校區——一個在我成長、旅遊過程中，從來就沒有接觸過的中東國家。

course 1
我的
卡達留學生活

　　魯迅說過：「世上本沒有路，走的人多了也便成了路。」我一直以為上大學的路是在西方，或許是冥冥之中的力量，人生軌跡轉了一個彎，卻又是符合心中的期待，沒想過有這麼一天，我會踏在卡達的土地上。

　　一直以來都是以美國作為留學計劃，所有資料也都是以「美國留學」作為準備，卻因為朝思暮想的西北大學大眾傳播系拋來橄欖枝，這麼大的拐彎，讓我來到了西北大學的卡達校區──一個在我成長、旅遊過程中，從來沒有接觸的中東國家。

複雜的大學申請流程，提前錄取夢破碎

回想當初申請學校時，每天除了繁重的課業之外，還要填寫繁瑣如山的申請函。學校的留學輔導，根據每位學生的特質、GPA 的成績、興趣，以及多年的輔導經驗給學生推薦適當的學校。

班主任更像是個辛勤的母雞，時時關注學生們申請學校的進度。11 年級應該是高中 3 年當中最辛苦的一年，除了要拚在校的成績外，還要準備考托福和 SAT（美國入學考試），當然最大的重頭戲還是填寫大學申請函。申請學校的細節和甘苦不用多說，有經驗的學生應該對這一年是如何熬過來的，都心有戚戚焉吧！

但是人生最大的幸福，就是能找到未來的方向，並且做自己喜歡的事情，當你為此所付出的努力，即使再怎麼累，也不會覺得辛苦。美國大學申請流程相當複雜，簡單可分為提早錄取（Early Decision, ED）【註1】、提早申請（Early Action, EA）【註2】、有限制的提早申請（Restrictive Early

Action, REA）【註3】和常規錄取（Regular Decision, RD）【註4】等入學申請方式。

對我而言，究竟是該挑一所最心儀的學校當 ED 來申請，還是選擇比較有希望的學校當首選呢？（如果真的錄取了就不用再投遞申請書了！）一般而言，輔導老師會建議學生選一所比較有希望入選的學校當 ED。這時，問題又來了，究竟是放棄心中夢想學校，提早申請上學校，好一勞永逸，還是懷著極可能夢碎的希望，投入夢想學校？

因為 ED 一旦被學校錄取之後，就不可以再接受其他學校的錄取書，但是如果把 ED 放得太高調（例如大家嘴裡的「哈耶普斯麻」這些學校），就白白浪費了早升 ED 的錄取機會，當然除了無止境的申請過程之外，還有價格不斐的申請費用。所以，通常學校的輔導老師會希望學生務實一點，申請比較有錄取希望的學校。但是，能選擇自己夢想的路是一種幸福，也是一種滿足，不是嗎？所以我當然要把最夢幻的學校放在首選的 ED ！

當然，我的 ED 夢破碎了，但是人生有夢才美，不是嗎？若我們沒有勇敢地嘗試，就永遠也沒有成功的機會，所以，我還是繼續編織美國前三大的傳媒夢。即使我的 GPA 不到 4。但是，不知道是不是老天爺有意的安排，在一次課後的學校留學講座中，我拿到了西北大學卡達校區的招生簡介。

　　卡達，這個聽起來十分陌生的國家，在地圖上位於中東半島邊緣上的一個小點，真的會是我下一個階段的落腳處嗎？但是，話又說回來，西北大學的大眾傳播系可是傳媒界的愛馬仕（Hermès），怎麼可能不心動？

註 ——————

1、ED（Early Decision）：指提早錄取，最早申請也是最早錄取的申請方式，只是申請 ED 的學生，如果被申請的學校錄取，就一定要入學，必須無條件放棄其他學校。

2、EA（Early Action）：指提早申請，可以提前申請學校。跟 ED 不同的是，EA 沒有約束力，即使被錄取了，也沒有一定要去這所大學，所以可以申請多所自己喜歡的學校，再依個人需求選擇學校。

3、REA（Restrictive Early Action）：指有限制的提早申請。介於 EA 和 ED 之間的申請方式，與 EA 錄取一樣，REA 錄取也不具有約束力，可以選擇去或不去。但是，如果申請了一所學校的 REA，就不能再申請其他學校的 ED、EA 或 REA（公立大學的 EA 除外）。一般都是頂尖學校才會設立 REA，例如哈佛、耶魯、史丹佛等。

4、RD（Regular Decision）：指常規錄取，是最多申請者會選擇的一種申請途徑，也是美國最大規模的招生方式。

夢想大學的橄欖枝，前往陌生的環境

　　走自己的路，當然要學會面對困難與挫折，所以我一邊沉浸在收到理想大學錄取通知書的喜悅之中，一邊找起關於卡達的資訊。卡達，位於阿拉伯灣西海岸的中部，直到 2022 年世足盃，卡達的神秘面紗才逐漸被世人揭開，見識到中東之珠的富饒與繁華。

　　「在卡達讀書，與在美國讀大學有何不同呢？」這些問題當下深深困擾著我，讓我雀躍的心情增添了幾絲陰影，猶豫著究竟是該選擇學校排名，還是考量種種現實問題比較重要呢？

西北大學大眾傳播系是全美排名前三的學校，不僅歷史悠久，也曾經培養出許多著名且優秀的記者、媒體大亨、編劇作家，例如《權力遊戲》的作者與編劇喬治‧R‧R‧馬丁（George Raymond Richard Martin）、美國現任總統拜登（Biden）、印度第 12 任總統普拉蒂巴‧帕蒂爾（Pratibha Patil），還有哈利王子的王妃梅根（Meghan）等，凡是能從這所大學畢業的學生，無疑是拿到了一張進入傳媒領域的證書。

而現在我終於可以踏入這所夢寐以求的大學，心中感到無比興奮，只是學校位於中東，收到錄取通知書之後的雀躍心情，一旦回歸平靜，好像就要面臨許多疑惑和未知的問題：去一個完全陌生的環境、一個沒有任何親人的地方、一個四季炎熱的國度、一個據說對女生不太友善的文化環境……，一時之間種種的問號，對剛剛要邁出校門的我，實在是一大考驗，但是幾經掙扎和無數次天人交戰之後，下定決心——無論如何，選我所愛，勇敢面對。

留學是我的夢想，收到西北大學的橄欖枝讓我十分緊張，再加上對未知領域的迷茫，但人生這個旅程中，有美好的風景，也有坎坷的道路，一切都需要自己扛，也許前方的路途還很長，但在師長、家人的支持和鼓勵之下，我沒有感到孤單、害怕，拾起行囊，勇敢踏上夢想的路上。

course 2
認識卡達的
教育環境

在西北大學的招生會上，認真地聽了有關學校的介紹，並且還上網搜尋了許多有關卡達的相關資訊，正式確認了我的選擇，這就是未來進入大學即將探索的處女地。

卡達位於波斯灣的卡達半島，與阿聯和沙烏地阿拉伯接壤，是全世界第三大天然氣儲量和石油儲量生產國，也是全世界液化天然氣的主要出口國。常住人口有 200 多萬人，人均生產總值世界第一，是世界上最富有的國家之一！

最著名的投資──卡達教育城

不過，天然氣和石油總會有用完的一天，為了不讓人民在百年之後，因為天然氣與石油都用完時，變得一無所有，許多依靠天然氣、石油為經濟體系的國家，紛紛降低對自然資源的依賴，也深知創新開發，投入新項目的發展，是未來競爭的關鍵，國家政策開始對教育與研究進行大量投資。

其中，大名鼎鼎的教育城，就是卡達在波斯灣地區聞名國際的一項投資。

卡達國王埃米爾哈馬德在 2002 年創立卡達高等教育理事會。這個機構指導並管理所有年齡層的教育，他的現任妻子莫札擔任教育基金會的理事，她對卡達的教育發起了很大的改革政策。

卡達之所以被人稱為富豪的國家，是因為全國的百姓，從幼兒園到大學畢業，所有費用全免，這是基本操作。而卡達政府在沙漠裡硬生生建造 2,500 英畝的教育城。教育城裡老師與學生的比例是 1：5，她更積極爭取許多美國的頂尖大學到卡達來設立分校。

從最早的維吉尼亞州立聯邦大學（Virginia Commonwealth University, VCU）的藝術學院開始，一直到現在，卡達已經成為好幾所知名大學的第二個家，包括康乃爾大學威爾醫學院（Weill Medical College of Cornell University）、德州農工大學（Texas A&M University）工程學院、卡內基美隆大學

（Carnegie Mellon University, CMU）商業管理與資訊科學學院、喬治城大學（George Town University, GTU）、西北大學（Northwestern University, NU）新聞及大眾傳播科系等等。

鼓勵設校，把全世界最好大學買到家門口

在一望無際、滿片金黃的沙地上，座落著一座座建築群，這些都是知名大學的分校。為什麼這些美國的頂尖學府，願意來這片一眼望去都是沙漠的地區設立分校？

《遠見雜誌》2017 年 4 月刊載的〈全球卡達熱〉中，來自英國的教育城公關顧問巴喀斯特（Robert Baxter）的這句話可以作為解答：「哈佛的全校校務基金約 230 億美元，這裡教育城計劃，光投資一家教學醫院就有 80 億美元。」因為卡達基金會提供建校的所有經費，包括所有的土地校舍，以及所需的硬體設施和軟體設備，全部都由卡達基金會來支付，在卡達設校完全不用考慮財務問題，學校不但可以賺到錢，還可以免費獲得國際宣傳的機會。

不僅如此，連校舍的建築外觀都可以由學校提出預算及要求，全部由基金會埋單，甚至連招生也讓學校有完全的自主權，包括教職員的宿舍、學生宿舍，還有多樣的選擇等等。基金會唯一要求的條件是：必須保證學生畢業後，領到的文憑與教育品質，與在美國國內的學校所獲得的並無差別；文憑上也不會特別標示「卡達分校」的字樣；上課時更打破了回教社會的男女界線，讓男女生可以共同上課。

卡達豪擲萬億搶佔常春藤的教育資源，它的口號是「把全世界最好的大學都買到家門口，讓孩子足不出戶就能上常春藤！」卡達還承諾，為這些名校提供寬敞校區、一流教學設施、高昂的教育研究經費和豐厚的學術待遇，其他名校更是每年有至少 3.2 億美元的補助金。

　　看完以上這些資料後，心情是多麼令人激動！我始終相信，追光的人，必將成為耀眼的存在。我當下便決定：「西北大學卡達分校，我來了！」

卡達的教育特色

　　卡達的教育體系展現出一系列獨特而引人矚目的特色，這些特色不僅反映了卡達政府對於教育的高度重視，也致力於培養學生全面發展的潛力。先不說政府有多重視教育，那真的是讓人佩服不已。首先，卡達的教育環境極具多元文化特色，學校裡匯聚了來自世界各地的學生，就像一個小型聯合國似的。這種多元性環境有助於擴大學生的視野，培養跨文化交流的能力。

　　教學語言上，卡達以阿拉伯語為主，這反映了國家的文化根基，同時也有助於學生保持與卡達傳統價值體系的聯繫。不過別擔心，教育城裡的大學還是以英語作為教學語言，這使得學生更容易在國際舞台上交流與合作，更加遊刃有餘。

　　有朋友在美國上大學，我好奇兩者之間的差別，所以請教他平時上學的方式。美國與卡達的課程科目和內容大同小異，比較大的不同之處，在於卡達校區的學生來自四面八方，所以授課內容更具國際觀，案例和分析不僅只於美國或歐洲地區，而是無國界。不

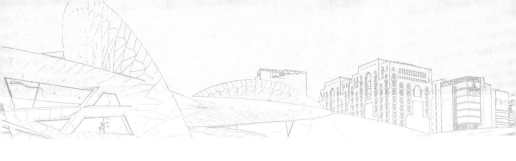

過可能因為民族性的緣故，大多數學生比較不愛參與討論，往往教授拋一個題目出來，卻很少有人踴躍發言，所以上課的氣氛可能不似在美國學校那麼活潑，但對我而言，反而是一項利多，因為這讓我更有機會發言，且與教授的互動更加頻繁。

另外，教授的資歷都非常優秀，有些曾經是專業評論或媒體人，有些曾經在全球知名顧問公司工作的資深顧問等，這些教授不僅在學術方面有專業素養，還可以提供許多寶貴的實際市場經驗。

舉例來說，我最欣賞的一位經濟學教授，他在課前會錄一段影片，內容都是我們平日周遭的所見所聞，例如在他公寓附近正在建造樓盤或是商場的促銷活動等等，再藉由觀賞影片切入當天要討論的課題。接著再丟出問題讓學生討論，以此引發學生思考和探討當天所要講解的內容，備課非常用心。還有一些老師會把他們採訪的經驗與過程，透過當天所要闡述的主題，舉例說明。這些都是許多寶貴的實戰分享，讓學習內容十足接地氣，令人印象深刻。

　卡達留學是怎樣的？

course 3
喝著長江水長大的
台灣孩子

——

　　其實，我對幼兒園的印象早已模糊不清，但幼兒園校門口的櫻花樹搖曳生姿，像明媚的音符落入在我的記憶角落裡。

　　不到 3 歲的我，就隨著父母移居到上海。媽媽為了我和姊姊的就學，奔波了整個上海市的各個學校，最終幫姊姊選定了歷史悠久又頗負盛名的上海中學國際部，而我則安排在位於上海動物園裡——一所小而美的幼兒園。

幼兒園的櫻花樹，童年美好回憶

上海動物園位於上海市的普陀區，和經常接待外賓、國家重要人物的西郊賓館相距不遠。據說上海動物園早期曾經有一座高爾夫球場，裡面有大片青草芊芊的草坪、水淺草深的小池塘，以及嫣然挺放的綠蔭樹叢，是一片得天獨厚的青蔥園地。

幼兒園就依附在動物園的邊上，校區雖然不大，僅有幾棟教室，但是整座動物園都是我們這些蘿蔔頭的體育場。我們跑步或散步在草坪上，看看動物，或者反被動物觀看。

前面說到，學校的入口處那棵很大很老的櫻花樹，每到了初春時節，繽紛落下的白色花瓣就披覆在周圍的小徑上。每次司機送我到學校之後，我就會故意慢慢地踩在那鋪滿花瓣的泥土上，覺得自己好像是愛麗絲意外落入了仙境，滿心期待著，那隻戴著懷錶的兔子跳出來，領我進入夢遊地。

學校裡的活動設施十分簡單，只有幾處高高低低的單槓，設置在銜接走廊的草坪上。這是我最喜歡的遊樂設施。

　　「為什麼妳每天放學回家，手都這麼髒？」

　　「今天手怎麼磨破了？」

　　剛開始，媽媽都不知道為什麼放學的時候，我的手都是髒汙，偶爾還會磨破，甚至長繭，最後才發現原來是我沒事就吊在單槓上玩。尤其是在夏天，穿著涼爽的 T 恤曬得滿臉通紅地掛在上面，簡直就像隻猴子，剛好我也屬猴，還真是相當符合我的天性。

　　幼兒園的許多同學後來也進了上海中學。其中兩位一直同班到高三畢業，可惜我的竹馬不是我的菜（笑）。但是比起進入中學的升學壓力，幼兒園裡無憂無慮的時光，真的是我求學階段最美好的記憶。

一年級，內捲開跑了！

進了上海中學，人生頓時從彩色翻轉成黑白。才一年級就開始有了考試，一夜之間，愉快的童年逐漸遠去。

以前在幼兒園哪知道什麼是考試，老師口中的考試根本就是找機會發糖果餅乾，我的煩惱可能是如何完美地吊桿槓，而一年級的我面臨的難題都在考卷上。媽媽心裡肯定也不曉得兩岸教育的差距，一時沒有準備好面對中國的升學教育，否則不會讓我這麼輕鬆混過 3 年的幼兒園時光。

姊姊在讀書方面都沒怎麼讓媽媽操心，所以媽媽以為我也跟姊姊一樣可以自己應付吧！小學的求學經歷讓我體會到，要在上海中學出頭真是比登天還難。

姊姊每年都從學校領獎學金，因為她每天都乖乖地坐在書桌前勤奮用功，光是這一點，我想學都學不會，只要坐太久，我就會頭痛、腿痛、屁股痛。有時候很羨慕姊姊做什麼事都可以達成她想要的目標，而我就算費勁心思，強迫自己努力讀書，成績依然只有中段班，花了很多時間，卻怎麼努力也爬不上頂峰，更別提什麼獎學金了。

不是我不喜歡讀書，只是我更喜歡與人互動

「不是我不喜歡讀書，但我更喜歡跟人的互動！」我在學校裡認識很多學長、學姐、學弟、學妹還有老師，我覺得除了讀書之外，還可以做許多有趣的事。

我組織社團，跟同學組隊參加國際競賽，甚至還代表中國隊進入美國參加決賽、編輯校刊、做慈善義演……。但是參與這些活動都需要花費許多時間和精力，如果還要維持漂亮的成績，對我而言，真的是超高難度。所以，我常常羨慕那些名列前茅的同學，包括我的姊姊，為什麼可以把 GPA 拉得這麼高？我也很想單純埋首苦讀，但又不願意放棄參與各項有趣的活動和競賽。

我的小學、中學就在興趣和成績的掙扎過程中，以及老師和父母的期盼下茫茫度過。那個時期的我，沒辦法像姊姊一直拿獎學金。老實說，功課平平的我，內心老是惴惴不安，但是和同學相處的時光裡，卻又有許多不經意的美好和溫暖。直到高中，藉由一次團隊合作才真的認清到——成績的好壞不是全部，因為這次主導的專案報告，讓我更了解自己，並充分發揮自己的強項。

這個轉折點來自於英文課的一個專案，其中除了編排內容之外，還要錄影解說，一組有 4 位同學，剛開始大家七嘴八舌地提了許多建議，開了一次又一次的會議，始終都沒有結論。

眼看交卷的 Deadline 要到了，大家都還沒有共識。我靈機一動，提議模仿電視新聞的播報方式，拍攝影片再切入畫面，當大家都沒有異議之後，我開始分派工作給每一個人、協調他們接受指派的任務，並要求時間進度。這次專案獲得了老師高度的讚賞，還拿到了最高分；這項過程讓我肯定自己的強項，同時也建立了自信心。

　　後來陸續有機會參加許多國際性的競賽，雖然我不是年級中成績最優秀的，但是我的整合與溝通能力，卻成為大家最喜歡結隊的夥伴。因為在每一次的組隊合作中，我很容易挖掘出每個人的優點，並加以發揮。我認為成績不一定是唯一取決勝負的要素，能夠挖掘他人優點並加以協調、統籌整合，讓團隊發揮大的功能，才是我最能揮灑的舞台。

PART 2

卡達，我來了！

在前往卡達的路上困難重重，在機場大廳睡一晚到轉機路途的
疲憊，還好這一段路程不是獨自一人，至少身邊還有貼心照顧
的媽媽……。

卡達留學是怎樣的？

course 1
波折重重的
旅途

2022 年因為 Covid-19 疫情的關係，所有的機場都嚴格執行篩檢防疫措施，從文件的審核到候機的分區把控，把原本期待的旅途變成痛苦的等待與不安。

首先，從上海出發前就需要準備許多檢測文件，除了搭上飛機前兩次核酸檢測外，還要做抗原檢測。原本做這些檢測是很簡單的事情，但在疫情管控的非常時期，就顯得格外費勁。尤其是抗原檢測報告上有許多數據必須依照航空公司及卡達官方要求的數據範圍和英文說明。不過，這些都還只是小菜一碟，算不上麻煩事，最令人難忘的是機場的管控和轉機過程……。

香港機場冰冷椅子睡一晚

因為上海沒有直達卡達的航空，因此我們選擇從最近的香港轉機，但在疫情期間，若想在香港轉機就需要在機場過夜，不能出關，否則必須待在飯店隔離 7 天，因此被迫做最差的選擇——睡在機場裡。

即使媽媽狠下心刷了商務艙，也無法改變這可怕的命運。

「聽說連貴賓室也不開放欸！」在訂機票時，就略有耳聞，心中也對這趟轉機過程做好了最差的心理準備。

果真，當我們抵達香港機場時，轉機的旅客通通被空姐帶到一個區域，之後空姐就鄭重警告我們：「明天要轉機的乘客，請待在這個區域範圍內，不能隨意離開，不然明天就上不了飛機，若是接不上第二天的航班，請自行負責。」因為疫情，偌大的機場只見零散的旅客，空盪盪的等候區成為我生平第一次在機場裡過夜的經驗。

雖然香港的機場十分現代化，但是在現代化的椅子上睡覺，當然還是沒有平坦的床舒服啊！更何況這冷冰冰的椅子，

每個座位都是獨立的單椅，沒辦法拉攏併起來橫躺，離家的第一天晚上，就蜷曲身體，抱著腿這樣熬過來。還好不是獨自一人報到，至少身邊還有貼心照顧的媽媽。

飛機延誤，困難重重的卡達之路

好不容易熬到天亮，在機場明亮的衛生間洗漱之後，不想再面對冰冷的椅子，趕緊拉著隨身行李排隊。因為是商務艙的緣故，很快就完成劃位並進入貴賓休息室。

一進入休息室，我傻眼了！

「為什麼昨天的空姐不讓我們進貴賓室呢？」我很納悶，明明就可以到處逛，卻偏偏把我們圍限於冰冷的機場大廳，還威脅不准離開，真是讓人費解。

不過，香港的貴賓室真的值得一提，裡面的空間寬敞、明亮、服務又好，還有現榨的果汁。我點了最愛的起司盤，再配上一碗熱呼呼的湯。當熱湯拿在手上感到無比溫暖時，便回想起昨天整晚曲坐在椅子上休息的情景，真是天壤之別。心裡暗暗下定決心，金錢雖然不是萬能，但有錢一定不會讓自己陷入無助的窘境，邁向財富自由的種子暗暗發芽。

因為沒買到直飛卡達的航班，我們還需要在吉隆坡轉機，原本以為最壞的情況已經過去了，俗話說：「雨過天晴嘛！」我才剛經歷過人生第一次在機場過夜，現在總該可以順利地飛往卡達了吧？沒想到，當我們抵達吉隆坡機場後，原本接續的航班居然顯示延誤，且不知道要延誤多久，因為航空公

司的櫃台沒有半個人影。

「請問飛往卡達的航班，什麼時候起飛？」詢問其他的櫃台人員也只說卡達航空的人還沒到，無奈之下又等了將近 4 個小時，才有服務人員慢悠悠出現在櫃檯。原本預定半夜 11 點起飛的航班，到了晚上 10 點多還沒有消息說延誤多久，看到服務人員的出現，我們迫不及待地上前詢問。

「飛機到底延誤多久？」

「不知道。」我們已經累得說不出話，因為前一晚沒有好好休息，在飛機上也只是閉眼微憩，一心只盼望著能快點有張舒適的床讓我們躺下，沒想到在吉隆坡從下午 6 點多等到晚上 11 點，仍然沒有飛機起飛的消息。

終於在將近凌晨 1 點的時候，櫃台的地勤人員終於說：「飛機延到明天 10 點才起飛，現在帶大家去機場飯店休息，明天一早再入關登機。」這一折騰又耗了一個多小時，出關、檢驗、又走又搭車地繞一大圈，終於抵達飯店，等我們坐到床上時已是清晨 3 點。

疫情期間，空無一人的香港機場貴賓室。

累得連抱怨都沒力氣了，延誤 12 小時後，第二天一早還要準備入關。真的很想哭，好吧！連哭都沒時間了。

沒有人能在卡達的驕陽下走 10 分鐘

幸好，第二天順利搭上飛機，現在回想起來，我只記得空姐很美、食物不錯、毯子溫暖、座位舒適（一人一個獨立艙位），其他就什麼都不必說了，因為我真的累壞了。

抵達卡達機場，海關效率很高，不到 20 分鐘我們已經領好行李，準備搭車前往預定的飯店。這裡還出了個小插曲，因為卡達的氣候炎熱，此時又是 7 月盛暑，出門沒有車就跟沒有腳一樣，據說很少人會在卡達的陽光下走路超過 10 分鐘。所以叫車服務是非常重要的事，換句話說，辦一張電話卡也是必要的事，在機場買電話卡十分方便，不需要 10 分鐘，我們叫到了 Uber 前往下榻的飯店。

這次訂的酒店是一房一廳，有客廳加廚房的套房，飯店位於卡達商業新區。交通十分便利，到學校只要十幾分鐘的車程。因為還沒有開學，宿舍要開學前的新生訓練才能進駐，所以就暫且在飯店裡悠哉幾天。我猜想一旦搬進了宿舍後，可能就沒這麼舒適的環境了。

逛街採買宿舍的用品是這幾天的重頭戲。當然還要趁媽媽在身邊的時候，吃吃喝喝聊聊，因為接下來的幾年，就要開始一個人生活了。

　　慶祝來到卡達的第一晚，我們選擇了 JW Marriott 酒店的義大利餐廳。原因無他，因為離我們住的飯店不遠，但還是要坐車，在卡達，即使只有 10 分鐘腳程的距離，強烈建議搭車。

　　義大利餐廳的價格跟上海比起來差不多，經理是義大利帥哥，推薦我們沙拉、窯烤比薩和義大利麵，十分可口，完全是道地義式的風味。我們告訴他，這是我們在卡達的第一頓晚餐，他很開心地說，如果下次再來，就幫我們打折。基於勤儉的美德，帥哥當然也是加分題，我們馬上答應，在媽媽離開之前一定要再來一次。

　　卡達的消費跟上海差不多，但是服務的水平更上一層，我開始對卡達產生了好感。

卡達超有用 App

在卡達，使用一些特定的應用程式（App）可以更輕鬆適應當地生活，以下是我在卡達常用到的一些應用程式，分享給你們：

Waze：地圖 App，是一款由以色列公司開發的全球性行車導航及社交導航應用程式，後來被 Google 收購。

Qatar Rail：由卡達鐵路公司（Qatar Rail）提供的應用程式，主要用於查詢地鐵和 Lusail 有軌電車的班次，並了解在哪些車站下車，以及搭乘哪些巴士抵達目的地。

Karwa：我說過沒有人能在卡達的太陽下走 10 分鐘，就算是短程還是得搭車，Karwa 就是卡達主要的叫車 App，當然在卡達也可以用 Uber。

Karwa Bus：想要搭公車在卡達市區逛逛，Karwa Bus 是必不可少的應用程式，這個 App 主要是為當地居民和遊客提供巴士時刻表。

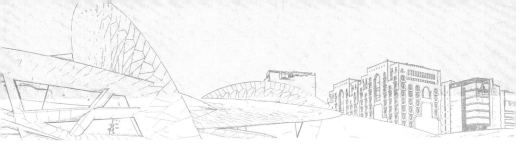

Delivery：卡達有許多食品外送 App，像是 Zomato、Carriage 和 Talabat，這些應用程式可以選擇並訂購美食，除此之外，還可以訂購雜貨、鮮花、藥品等，類似於我們熟悉的 Uber Eats。

以上只是一些在卡達可能會用到的應用程式，依據個人需求，還有很多其他方便的應用程式可供選擇喔！

　　卡達留學是怎樣的？

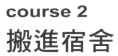

course 2
搬進宿舍

　　來到卡達已經好幾天了，終於在開學前一週搬進宿舍。

　　來卡達之前，在網路上已經搜索了關於卡達教育城的相關資訊。卡達教育城從 2003 年 10 月 13 日正式開啟，這裡有 13 所學校、卡達國家圖書館、2002 年世足盃的足球場館、古蘭植物園、阿拉伯現代藝術博物館。

　　除此之外，藝術方面的推廣更是費盡心思，首都杜哈各個角落都有享譽國際的藝術家作品，例如奧拉佛‧艾里亞森（Ólafur Elíasson）、傑夫‧昆斯（Jeff Koons）和草間彌生（Yayoi Kusama）等，當然還有與宗教相關的清真寺等建築。

像商務酒店的學生宿舍

對於卡達充滿了新奇與想像，原本預計先坐車在教育城繞一圈，熟悉一下地理環境。沒想到 Uber 直接開到了宿舍門口，司機還熱情地幫我們搬好行李。卡達身為石油出產國家，車資簡直不要太便宜，再加上地廣人稀，在卡達這幾年來，出門若是沒有 Uber 就像沒有腳一樣，根本無法出行。

抵達宿舍後，在櫃台換好證件，就依據指派的宿舍號碼找到自己的房間。刷卡打開房門後，印入眼簾的景象簡直不敢置信。

「這是學生宿舍嗎？」在我的印象中，學生宿舍是上下舖，多人共用一間房間，但這裡的宿舍是單人床、雙門衣櫃、獨立的衛浴設備、淋浴房、洗面台，還有一面大鏡子；浴室裡還有個落地的收納櫃、室內有小冰箱、衣櫃內有個保險箱，書桌旁有一台電視螢幕、一大扇透著陽光的窗戶，這真的媲美高級商務旅館，令我開心地手足舞蹈。

媽媽也訝異地說：「這哪裡像宿舍，簡直是商務酒店的配套了！從沒見過這麼豪華的學生宿舍，跟我當年在美國讀書的宿舍比較起來，簡直是天壤之別！」看見學校提供的宿舍如此豪華，媽媽心中也稍微放下心，畢竟這是我第一次離開父母，在遙遠且陌生的環境度過接下來的大學生活。

走進卡達人的逛街日常

把行李放在宿舍後，我們就開始設定採買計劃，名正言

宿舍大廳。　　　　　　　　　　　　到宿舍櫃台進行登記。

順地逛街購物！

　　卡達的老佛爺百貨外觀是一棟非常歐式的建築，學姐說就算已經在卡達生活了一段時間，每每搭車經過時，很難不多看它兩眼，何況是第一次到卡達的我們，差點就被這座歐式建築吸引住腳步，不過我們要買的家居用品並非屬於這個檔次，還是乖乖到比較大眾化的購物中心採購。

　　採購結束後，就開始「精品購物行程」，除了老佛爺百貨之外，還有好幾個設計豪華的百貨購物商場，我們聽了飯店經理的建議，選了一家比較大的商場，想見識一下中東富

豪是如何闊氣消費！

　　果真不令人失望，不論是 DIOR、LV、BV 還是 Hermès，每間店的櫥窗設計都非常有品味，金碧輝煌卻不失優雅。媽媽不自覺走進 Hermès 的店裡，看到許多經典的包都陳列在架上，開心詢問顏色及價格。

　　一位美麗高挑的櫃姐走來，微笑卻帶點驕傲地說：「妳看到的這些都只是展示品，如果想要購買就要先登記。不過現在訂單已經排到兩、三年後了。」媽媽可能是第一次被拒絕得這麼乾脆，直接轉頭踏出店門。我跟在後面，看著媽媽沉默地向前走過一間又一間的店家，一句話也沒說，心中不禁有些擔憂，正準備開口安慰時，她幽幽吐出了一句：「早知道幾年前在歐洲時，就狠心買一個了……。」

因為 H 牌櫃姐的一番話，打壞了我們逛街的興致，接下來只想在櫥窗外看看，品頭論足每一家的櫥窗設計如何，其實這些國際品牌的產品，跟亞洲其他地方所販售的商品大同小異，只是櫥窗設計和整體擺設特別有創意，購物中心的空間及規劃也非常獨特。原本以為卡達是沒有關稅的國家，商品相比之下會比較便宜，結果令人大失所望，不過這也讓我們省下不少不必要的消費。

　　不過，我們發現一些十分有趣的現象，在世界各地的城市中，逛街的大多數是女士，但是在卡達，我們發現許多男士也喜歡逛街，而且成群結伴。就好像我們一群女生一起出門逛街一樣，還會互相評價。更有趣的是，看到幾位穿著黑袍、戴著黑紗的婦人，手裡拎著名牌包，後邊跟著 3、4 位穿白色袍子的保鑣，每個人的手裡提著大大小小的購物袋，一起逛街的情景。

　　這麼壯觀的陣仗真像古代皇后出巡一般，在台灣或是上海都是難得一見的場景。不論是學生宿舍，還是金碧輝煌的百貨，在在讓我深切感受到，我人已經在富饒的卡達了！

有冷氣機的候車亭！

卡達的氣候是屬於熱帶沙漠氣候，特徵是炎熱的夏季和溫暖的冬季，所以在最炎熱的夏季時，氣溫通常在40度以上，甚至可能達到50度左右。這段期間，高溫和高濕度可能會讓室外活動變得極具挑戰性，幾乎沒有人可以在大太陽底下活動超過10分鐘！

身為一名留學生的我，在卡達也沒有代步車，在教育城裡最方便的交通工具就是搭乘有軌電車，電車環繞整個教育城，從不同的校區到宿舍都有接軌，候車亭還有冷氣和飲水機，非常貼心。

但是如果要離開教育城到市區其他地方就必須用叫車App，不然，可真是寸步難行，你能想像在40幾度的高溫下行走是怎麼樣的景況嗎？

有冷氣的候車亭，在酷暑下真的是非常貼心的設計！

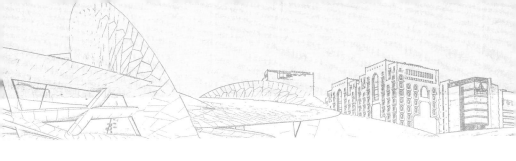

讓我在教育城內暢通無阻的有軌電車。

教育城內的輕軌，通向各所大學和卡達國家圖書館等站。

　卡達留學是怎樣的？

course 3
開學了！
來自不同國家的
同學

　　在國外留學的一大特色就是會遇見來自各個國家的人，這讓喜歡交朋友的我興奮不已。他們都跟我一樣差不多是18、19歲的年紀，當然也有20幾歲，甚至是休學幾年後再回來讀書的同學。

來自摩洛哥的第一位朋友

　　我的同學們9成是女生，大多來自亞洲、非洲、歐洲和中東國家。開學典禮後的茶會，學校準備四季酒店的外燴，真不愧是有錢的富豪之國！

　　在茶會上，一位褐色皮膚的女子吸引了我的目光，她有著姣好身材、性感嘴唇和一頭瀑布般柔順的黑色秀髮，有著精緻的妝容，看起來年紀應該比我大一些，沒想到她也正抬頭四處張望，捕捉到了我的目光，對我亮出一抹燦爛微笑，我也以笑容回應，開啟了我與她之間友誼的開端。

　　在茶會之後，是分組參觀校園。

　　「妳好，我叫阿曼，朋友都這麼叫我。」剛剛還互相微笑的兩人，被分在了同一組，兩人馬上就聚在一起互相介紹了起來，她一面說，一面把手上的 C 牌包包移到另一隻手，然後跟我握手。

阿曼來自非洲富裕國家之一的摩洛哥，才剛滿 23 歲的她剛從歐洲度假回來，之前會休學是因為不想讀書，現在之所以會回來上課，是因為她母親認為有一張大學文憑對她會有些幫助。聽到她的話，讓我有種不愧是卡達，就連同學都來自不同的社會階層。

被富豪包圍是一種什麼樣的感覺？

　　提到中東，你的腦海中會浮現什麼樣的畫面？是一群穿著黑袍、手上戴滿珠寶，喝著下午茶的貴婦？還是開著引擎轟轟作響限量跑車的富家子弟？抑或是手臂上架著老鷹或隼的阿拉伯酋長？但我想跟大家說，想要了解真正的中東富豪，還真的要在卡達！

　　卡達是全球最富有的國家，出生在卡達的人，看病、上學都不用花錢、結婚還有政府送大禮、國家也不收稅、失業率只有 0.2%，可以說是「從搖籃到墳墓」都由政府埋單。當我知道這件事後，留下了羨慕的淚水（笑）。

　　不過在卡達人口有 240 萬人，但其中只有 12% 是卡達人，其他的都是外來人口。

　　每到下課時間，只見整個宿舍大廳的桌面上擺著各式各樣的名牌包，有 H 牌、D 牌或 C 牌等，三三兩兩穿著傳統黑色袍子的學生坐著等待司機來接。

　　這裡的學生手裡拿的不是書本而是包包，旁邊通常都會有人幫她們拿著書或雜物。戶外的停車坪更是壯觀，放眼望

去不是賓利、法拉利、藍寶堅尼，就是保時捷等，我還真的沒有看到一輛賓士或寶馬。

　　我因為提早就讀，所以尚未滿 18 歲，沒有駕照，不過我想即便我會開車，爸爸應該也不會買一輛保時捷送我吧？所以，我站在這裡，心裡突然有種不太協調的感覺，好像這些穿著黑袍的同學和我是活在不同的世界，也讓我想起爸爸曾經說過的故事。

　　他同事的小孩就讀台北某知名私立小學，經常要開車去接送孩子，有一天孩子跟爸爸說：「你可以把車停在遠一點的地方，讓我下車，我要自己走進去。」

　　「為什麼他要這麼說？」當時的我還特別疑惑，還以為他是不想讓人知道自己還被家長接送嗎？

　　「因為他爸爸開的是奧迪。」

　　現在回想起來，我或許可以體會到這個孩子的感受了。

自己賺錢自己花，就是我想要的生活

我開始想像她們的世界該如何呢？讀書有人陪、功課有人幫忙做、出入有傭人司機、吃飯買東西不用看價錢、想來上課就來，不想上學就休學、想去哪裡度假就去哪裡……，唯一要真正花心思的是要如何找個匹配的老公。但這樣的生活會是我想要的嗎？

從高三起，我就開始兼職家教，不是因為經濟上的壓力，而是花自己賺的錢非常有成就感。以前想買東西都要經過媽媽同意，雖然爸媽不小氣，但是總要報告細節就覺得挺煩的，自從兼職家教後，可以買些不需要經過父母批准的東西，例如演唱會的門票、限量的球鞋等。

因為媽媽會覺得沒必要的開銷是浪費，而我認為這些開銷是值得的，這種價值觀的差異怎麼也很難溝通，所以用自己賺的錢來付就不用擔心被嘮叨，或是要費盡心思說明必須買這些東西的理由。

也因為如此，我深深體會到賺錢真的不容易，一堂課雖然只有一個小時或兩個小時，但往往在取捨工作與娛樂時，讓我更能體會時間管理的重要性。我在高中時期學會如何維持課業、工作、休閒娛樂之間的平衡，這讓我在剛進入大學時，不會那麼手忙腳亂。

即便無法像同學一樣，事事都有人在旁邊協助，但我還是喜歡現在自給自足的生活！

　卡達留學是怎樣的？

無國界的融合

　　剛搬進宿舍時，就認識來自中國的同學阿美。

　　從外貌上，就可以看出她很樸實，沒有化妝，戴著一副黑框的大眼鏡，紮著低低的馬尾、穿著寬鬆的 T 恤和運動褲，身上揹著 Longchamp 提袋，一臉盈盈的笑容。她獨自帶著 3 只大皮箱，從杭州搭飛機到學校報到。

　　我跟阿美的第一次見面，就是在宿舍的走廊上。我跟媽媽提著大包小包前往房間，看起來很是狼狽，她幫我們把行李搬進宿舍，才發現我們原來是鄰居！

　　她幫我把行李箱裡的衣服拿出來，整齊地摺好放進抽屜或掛在衣櫃裡，我只買了 40 支衣架，根本就不夠用，她馬上從房間拿出從中國買的摺疊衣架給我，還帶了許多想都想不到的東西，例如折疊垃圾桶、洗手液、抹布、拖把等等，這些東西都能帶過來，真是讓我大開眼界。

　　「妳怎麼準備這麼齊全？」我看著她像哆啦A夢一樣，每當我缺少什麼，她就能從隔壁房間拿出我正需要的東西，不禁讓我驚嘆，這扇神奇的百變門比哆啦A夢更令人期待啊！

　　原來她從國中就開始住校，所以很習慣宿舍生活，也因此很會整理衣櫃。這點無庸置疑，我親眼認證她整理東西的功力，果真所言不虛！雖然她在生活方面是專家，但她不會做菜，連基本的番茄炒蛋都不會。

　　這點，我不得不自我吹捧一番，我超喜歡做菜，在上海疫情封控期間，家裡的每日三餐至少有一餐是我貢獻的，尤其是番茄炒蛋、番茄炒蝦仁義大利麵、番茄洋蔥牛肉湯都是我的拿手好菜。當然除了番茄之外，我還有許多絕活，後面再一一陳述。（事先聲明，之所以都是番茄大餐，是因為封控期間最常見到的蔬菜就是番茄和洋蔥，不是我只會做番茄啊～）

洗衣機裡的「驚」喜

　　大學城的宿舍是男女分開的，不在同一棟裡面，卻是由校區內這幾所大學的學生共同居住。換句話說，宿舍裡面可能會碰到喬治城大學或是卡內基美隆大學的學生等等。

　　每一層樓都設有休息區，裡面除了桌椅之外，還有微波爐、烤箱和大冰箱，提供學生使用。宿舍一共有 3 層樓，2 樓有洗衣房。其實我在這裡適應得還挺好，就是洗衣服這件事怎麼也適應不了，每次洗衣服都要清晨去搶洗衣機和烘乾機，要是幸運的話，就可以使用到乾淨的洗衣機，要是運氣差一點，就會看到洗衣機裡面躺著一雙又髒又破的球鞋，著實讓人不敢把衣服丟進去。

　　遇到衛生習慣不好的舍友，相信許多在外住宿的人都可以切身體會，所以每一次洗衣服時，都要先用消毒水殺菌，才能開始我的洗衣大業。

逛賣場只為了煮一碗湯

　　「呼！」喝了一口熱湯暖暖胃，總是讓人精神百倍。很多人都用一杯咖啡來開啟一天，我則是喜歡來一碗熱騰騰的湯。卡達的氣候炎熱，就算是一月的白天氣溫也有十幾度，不像上海的冬天又濕又冷，喝一口湯就讓身體暖呼呼的，這是我的起床儀式，沒有這一碗湯，彷彿還沒有開機，一整天都會渾渾噩噩的。

　　想要在卡達喝上這麼一碗湯，也不是件容易的事。宿舍裡沒有提供廚房，只有休息區的微波爐，所以我只好去尋找可以在宿舍簡單煮的小鍋。還記得我第一次在賣場的花車上，看見一排十分破爛的電鍋時，心裡所感受到的衝擊。

　　「這些鍋子又醜又輕，雖然便宜，不過會不會用到一半瓦解啊？」我在花車前面一個個點評，猶豫到底要不要拋棄審美，買下不到 200 卡幣的鍋子，因為我真的需要一個鍋子來煮湯啊！終於在一家百貨公司的電器部門找到了 KENWOOD 的電鍋，說真的不是「自我吹噓」，也不是要幫這家公司宣傳電鍋有多好用，而是我竟然可以用它來煎牛排、炒雞蛋、煮麵，真不知道是這個鍋萬能，還是我的雙手萬能！

　卡達留學是怎樣的？

course 5
深夜驚魂

　　在卡達上學的日子相當平和，直到有一天半夜，宿舍的警報聲大作，我睡眼惺忪且兩手空空的衝出宿舍。

　　第一次碰到半夜逃離宿舍，非常擔心害怕，緊急逃出來才後悔沒帶上電腦或手機。當時身上穿著台北燒肉店的一件超舒服 T 恤，上面印著一隻牛，在牛身上還標示出牛肉的不同部位和名稱，因為是橘色的圖案在夜裡顯得特別搶眼。

「發生什麼事了？」環顧四周便看見住在對門的同學穿著粉色睡衣，抱著她的菜籃（LOEWE）提包衝出來。我們兩人驚魂未定地對望，看見彼此披頭散髮的狼狽模樣，忍不住笑了出來。

「妳的 T 恤好酷！」

「這是台北一家燒肉店的制服，我覺得很酷，要了一件來穿。」我倆就站在宿舍前聊起了睡衣。

她的菜籃子包和飄逸的長裙是我進校園時就注意到了，果真是她的最愛，就連逃命都捨不得放下。

我們傻傻地站在宿舍外面等待宣布警報的原因，這時才看到一些學姐們慢悠悠地走出來，神情非常自若，看起來一點也不擔心火警的樣子，讓我們好生疑惑。結果查出警報的原因是因為有人回來宿舍時，忘了帶房卡，故意按警報鈴，讓房卡失效，這樣就不用因為房卡遺失而遭受責罰。

真虧她想得出來這種招數，害我一夜沒睡好，不過也因此認識了對門的小香。

　　小香是拉脫維亞人，出門總喜歡拎著一只 L 牌的編織籃子，長相十分秀氣，有著立體鮮明的五官和纖細身材，簡直就像雜誌上的模特兒。我們幾門課幾乎都在同一班，只是彼此沒有打招呼，經過這場烏龍的警報風波之後，才開始有了互動。

　　我才知道她的身材維持這麼好，是因為崇尚北歐的健康生活方式：吃素食輕食、早睡早起、愛運動、不喝咖啡等，和我認知的一般大學生不太一樣。

　　因為我也愛運動，聊著聊著就有了共同話題，她說經常在深夜或清晨聞到飯菜的香味，原來是我用電鍋燉煮和熬湯的味道飄散在宿舍的走道上，而她剛好住對門，香味飄散到她房裡是理所當然的事，可惜我不太會煮素食湯，不然她的模特兒身材可能就跟著遭殃了！

在卡達宿舍生活必須知道的二三事

1. 不要觸碰警報鈴：宿舍房間裡面也會有煙霧感應器，煮飯的濃煙也會被警報偵測到，所以我在煮飯的時候都會特別小心，不要讓煙霧瀰漫在房間裡面，不然會有罰款（雖然對一些學長姐來說可能沒差，所以經常會故意按警報鈴）。

2. 宿舍沒有門禁：男女宿舍是分開，沒有時間限制進出，不過要進入宿舍都需要用自己的房卡通過感應門，才能進入房間區。

3. 什麼都有的宿舍：宿舍裡備有洗衣房，每層樓都有交誼廳，公用廚房也有大冰箱、微波爐和烤箱以及簡單的鍋具可供使用。超市購買的物品只能送到宿舍門口，需要借用推車來搬運生活物資。宿舍大樓也有餐廳和少數雜貨可以購買，非常方便。

course 6
穿金戴銀的
卡達小貴族

　　前一晚因為烏龍警報導致沒睡好，
第二天上課的老師又特別嚴格，會指定
同學回答問題。

　　曾經有一位同學回答得不好，老師
竟然請她離開教室，所以每次上她的課
都特別緊張，不過坐在我隔壁的同學，
卻經常不在意地邊上課，邊滑手機。

陰錯陽差，認識了卡達本地人

她一身的黑色袍子，皮膚是中東人的亮黑褐色，眼睛很大、睫毛長得好像扇子般吧搭吧搭地一開一闔。因為身高不高，所以穿起袍子來就顯得有點圓，臉也是圓圓的，不過她很愛笑，笑起來有一股親和力，讓人不禁想要和她交朋友。

我坐在她的旁邊，餘光經常可以瞄到她滑動手機的速度超快，10 隻手指上滿滿的戒指、手鐲，閃閃發光，因為太耀眼了，所以根本看不清楚她到底在手機裡看什麼。

當我一心二用地一邊上課，一邊注意她的首飾時，老師突然把頭轉過來，對著她問了問題，我看了她一眼，她完全沒有反應，還在滑著手機。老師不說話，目光犀利地盯著她，她突然驚覺到大家的目光都聚焦在她的身上，她一臉茫然地抬起頭看著老師，期待老師再重新問一次問題。

老師默不作聲地看著她，她也尷尬地漲紅著臉，這時候不知道為什麼我手上的筆裡面的彈簧突然彈了出去，正巧撞上講台滾在老師的腳邊，老師低下頭去撿這個不明物體，我趕緊把老師的問題重述一遍給她。

她感激的眼神透過那片扇子傳達出來。我回報以尷尬的微笑，其實我並沒有真心要為她解圍，只是不知道為什麼老天爺在這時候讓我的自動筆脫落，彈出的地點也剛好轉移了老師的注意力。

就這樣我認識了第一個卡達本地人——小米。

或許是黑袍讓我們產生了距離

以前在上海生活時，經常會看到幾個上海人聚在一起，用上海話聊天，完全無視我們這些說普通話的人，尤其是他們看待外地來的人，總是有意無意表現出一副高傲的樣子。

不過，你說他們鄙視其他人嗎？或許也不盡然，但是他們的小圈子的確是不容易被切入的，除非……。

雖然卡達組成人口多為外來，本地人只有 30 多萬，不過校園內還是經常可見三三兩兩的卡達同學聚在一塊，她們大多都穿黑袍、拎著小包，不帶課本或電腦，也不太跟我們這些外國人聊天。

頂多在路上碰見了，嘴角微微一掀，點個頭、打個招呼便罷了，我們也很少主動跟他們打招呼，深怕會冒犯或遭受冷漠的眼神。可能是因為他們的眼睛都太大了，一身的黑服和頭巾，唯一能看到的就是一雙大眼。後來想想，其實他們並沒有外表看起來那麼冷漠，只是黑袍讓我們對他們產生了距離。

至少小米不是。

　　她真的很愛笑，說著說著就不自覺地笑了起來，連看手機也會笑，因為臉圓圓的，眼睛也圓圓的，所以笑起來特別讓人感到溫暖。她可能是為了報答我為她解圍這件事，還邀請我到她家聚餐。

一頓豪門宴，盡展中東富豪的霸氣

　　終於讓我真正見識到中東富豪的霸氣了！她的母親是駐維也納的高級官員，不是我們想像中那種躲在深閨裡穿金戴銀的闊太太。房子的外觀非常氣派，有一大片庭院，入口玄關處兩側有高高的廊柱，家裡的擺設也十分高雅，不是金碧輝煌那種奢華，但是可以從許多細節的設計和擺設，讀出滿滿高級的精緻感。

　　不知道是為了請我，還是平時家庭聚餐原本就如此地豪奢，他們請了一位米其林的日料師傅來家中掌廚。平時我也很愛吃日本料理，但是也僅只於在高檔餐廳的板前料理，畢竟還是個學生，這種奢侈也僅能偶一為之。這次在她家豪華的餐廳裡，見識到米其林師傅在每道菜前的講解和操作，真讓人開了眼界，食材的選用當然就更不在話下。

　　我雖然熱愛美食，卻也知道節制，第一次到別人家作客是不可以太隨興的，適可而止是最好的座右銘。

　　她父親穿著一件 Prada 的運動 T 恤，搭配一條淺色長褲，雖然個子不高卻也顯現了穿著的品味。餐後的聊天是必然的

社交，從哪裡來、為什麼選這個學校、將來準備往哪裡發展等問題，早就被問到可以寫成專欄了。

不想只是單純做個問答機器，所以我想了一些問題反問他：「在這裡發展的前景如何？」、「是否還是應該到美國去讀研究所？」、「這裡的公司對東方女子的接受度如何？」當然他也很老道地避重就輕回應我的許多提問，我猜他心裡肯定也覺得我不是個按部就班的孩子。他都用孩子來稱呼我。

揭開卡達印象，健身房裡的中東風采！

小米開啟了我對卡達的另一個印象。教育城裡有馬場和高爾夫球場，只是我從來沒有機會去，小米帶我去騎馬，我才知道她有私人的馬匹，並聘請專業的馴馬師來照顧。

她還帶我打高爾夫球，不過我的球技一般，但是教練說我的擊球速度很快，7 號鐵桿平均可以到 120 碼左右，可能是我小時候就愛吊單槓的原因，手臂特別有力量。

除此之外，我們還去了高級健身俱樂部，我發現自己應該是裡面最年輕的成員了，在健身房裡我

教育城裡的馬場，中間那匹白色馬叫做「瑪麗」，是小米的馬。

才有機會看清楚隱藏在這些黑袍裡面的風光，其實都藏著婀娜曼妙的身材，雖然她們出門通常要罩著黑袍、戴著頭巾，但是對身材的要求可一點也不含糊，再加上天生的美好基因，胸部大、臉部輪廓深邃、頭髮濃密黝黑，如果穿著和我們一般普通的服裝走在街上，每位可都是引人注目的焦點啊！

　　健身房的課程真的一點也不輕鬆，還好我本來就喜歡運動，從小也被媽媽帶著一起咬牙練習瑜珈，滿臉通紅地做核心訓練，原以為到了這裡可以輕鬆展現優美的肢體動作，沒想到這些中東女孩簡直就是把運動當作日常三餐，踩著飛輪還可以跟旁邊的同學聊天，皮拉提斯床的拉伸和訓練簡直就是小菜一碟。

　　我只能嘆著氣，自我解嘲地說功課壓力太大，來這裡只是放鬆，不是來拚命啊！

course 7
18 歲的
生日驚喜

　　對我們一年級的學生而言，學校的課業說不上太繁重。

　　除了上健身房之外，還可以繼續當家教賺點外快，並在學校兼職負責引導介紹外來參觀的家長或遊客。這些工作其實很輕鬆，一週只要上幾個小時的班，雖然工資不高，但是幫助我更加了解學校的環境和設施，而且平時來參觀的訪客也不多，大多時候會坐在櫃台前面看點東西或寫作業。

　　平時我都在自己的宿舍裡面寫功課，晚上 12 點左右休息，生活規律，沒有夜生活也不覺得無聊。

離家後的第一個生日

生日當天，就收到媽媽傳來的祝福簡訊，外加一個微信紅包：「寶貝，生日快樂！」姐姐也傳來祝福的賀詞和紅包，最後才收到爸爸的生日祝福。這是我獨自在國外的第一個生日，我們全家開啟會議視訊，聊聊最近的狀況，然後我偷偷敲爸爸的微信說想要一個生日禮物。

「想要什麼禮物？」

「寒假想去美國玩，當作我的畢業旅行。」我說，這幾年因為疫情封控的緣故，都沒出國玩，高中也沒辦法參加畢業旅行，想趁這次的寒假去美國玩一趟，找幾位高中同學就當作是畢業旅行了，爸爸爽快地答應了，讓我整天心情開朗得不得了。

其實我早就計劃寒假去美國，找上高中的幾位好同學來一場遲來的畢業旅行。現在只是假借生日的名義說出來，還好爸爸很慷慨，除了問幾句無關緊要的話之外就答應了。

晚上趕快通知在美國東西岸的好朋友，報告這個好消息，並請他們規劃行程、預訂房間，因為時間會碰上聖誕節，如果不先訂好房間和機票，怕到時候沒有空房。當我正努力地在網上搜尋機票和住宿時，突然有人來敲我的房門。

18 歲生日，和來自世界各地的同學度過

「叩叩──」正在猶豫到底要 1 月 1 日就回到卡達，還是再貪心地多待幾天時，房門被敲響了，一個小蛋糕捧在小

香的手裡，上面點著一支金色的蠟燭，一群同學擠在門口大聲祝我生日快樂。

　　從來沒有想過這群朋友們會記得我的生日，還特地準備一顆小蛋糕。我們擠在小小的房間裡面，一起度過我的 18 歲生日。獨自在外生活，難免還是會感到寂寞，尤其是在各個節日的時候，這種孤獨感就會疊加起來，尤其思念家人時，也只能透過一個螢幕見面，無法擁有溫暖的懷抱，即便擁有家人的祝福，仍然無法抹滅心中一絲絲的孤獨感。

　　但是當我看見這群擠在走廊上的朋友們時，眼眶泛著淚光，我已經很久沒有流淚了。我太幸福了！連到國外讀書都能收穫這麼多的友情和祝福，我的 18 歲生日是和這一群來自世界各地的同學一起共同度過，因為她們，讓我有了歸宿感。

卡達的生日習俗

　　在卡達的文化中，無論是慶祝生日還是特殊節日，舉辦盛大派對是生活的一部分。卡達人熱愛社交活動，每當有機會，他們都喜歡在五星飯店或高級餐廳包場，舉辦一場華麗的派對，這些派對的排場可能非常浩大，也可能小巧精緻，但無論如何，都展現了卡達人對生活的濃厚熱情。

　　所以，一年一度的生日派對自然成為不可或缺的慶祝活動，幫生日壽星營造出難忘的時刻。無論是舉辦於奢華場地或小型親密聚會，卡達人都以盡情歡樂、分享美好時光，創造人們的歡笑和幸福回憶。

course 8
我的
印度學霸同學

　　雖然大一新生的課業不是特別繁重，但每位老師幾乎都要求寫報告。

　　就如同上學時期，每一位任課老師都說自己只出一兩樣作業，但好幾個科目加起來就相當可觀。沒想到即使到了卡達，來到不同的文化國度，也繼續出現和上海同樣的場景，寫不完的作業、交不完的報告……。

　　就讀上海中學時，因為選 IB 的課程【註】，經常連夜趕寫報告到天亮，在這樣兩年的魔鬼訓練下，早就磨練出應付這些刀槍的十八般武功。提到寫作業，不得不提一下令人聞之喪膽的上海中學的高壓政策。

　　每一門課老師都把學生當成機器般的操練，誰管你還有其他要交的課業，反正只要是我的課就必須達到我的要求，不然就會死得很難看！學校訓練學生用美國大學生的標準來寫報告或專題報導，據說是為了學生將來上了大學就可以派上用場，但是話說回來，我現在能輕輕鬆鬆寫報告，可是當年含著淚、咬著牙撐過來的，相信唯有熬過那段日子的人，才能體會箇中辛酸。

　　但這也要感謝那兩年學校的嚴格訓練，現在的我就不用從頭再學習如何正規寫報告了。正因如此，我的報告常被教授拿出來當範例，心裡對這件事還是有點竊竊歡喜的。

註 ————

IB 課程：兩年的課程，要選 6 門主課加上一門 TOK（Theory of Knowledge）。6 門課當中，其中 3 門要選高階課程（HL），另外 3 門可以選標準課程（SL），課程結束後一場大考，就像是學測一樣，把兩年學習的內容考一遍。當然平時的成績也很重要，但是這次的考試對學生來說是最關鍵的評估。

既生瑜何生亮，敏銳的觀察力

除了我之外，教授也常拿阿凱的報告展示給大家學習。阿凱是印度人，是印度種姓制度最高層的婆羅門階級，看他的姓氏就知道還具有皇家血統，高中時期就到卡達讀書，可說是標準的優等生。他的脖子上戴著一條金光燦燦的項鍊，走在陽光下就會特別耀眼奪目，臉上永遠都會戴著各種顏色的口罩，這就是他的標準配備。他還是我們系裡十分稀缺的男生（男女比例是 1：9）。

但他老是搶我的「第一頭銜」，我在這次的英文成績就落在他的後面，真有種「既生瑜，何生亮」的悲苦情懷。

不過，阿凱確實是個好人，雖然說話的腔調有點重，一著急發音會變成一搭阿搭的印度連環腔，但是他是個熱心腸，非常樂於助人。我們有幾門課的作業經常要錄影、編輯影片，因為他非常擅長剪輯影片，每每到了重要關頭，他都自告奮勇地熬夜剪輯，讓我們的作業可以順利交差，真的不得不感激他的貢獻。

除此之外，他對周遭事物的感受也特別敏銳，每次我換個包包或夾一夾睫毛，甚至畫個淡淡的眼影，他總能第一眼就察覺今天的不同，甚至還會提出他的想法。

「今天的眼影不搭妳的服裝。」

「今天這條褲子跟妳的鞋好搭喔，不錯不錯！」

「你好適合跑娛樂新聞耶！」我經常對他開玩笑地說，當然不是說他愛捕風捉影，但是對周遭事物的敏銳度絕對比一般人強上許多，一點點風吹草動都逃不出他的法眼，批判的言詞也夠犀利，所以我們私底下都叫他「監察小哥」。

他也喜歡上健身房，所以我們幾個人也經常一起結伴同行，搭著他的小跑車在市區穿梭。

用 ChatGPT 做報告，小心被警告！

科技發展迅速，這幾年 ChatGPT 蔚為風行，對於經常要做報告的大學生來說，有 AI 的協助是相當方便且省時的工具。

「最近 ChatGPT 真的很好用欸！報告內容都可以幫我整理好！」

「內容不能複製貼上，否則你會像我學長被抓到。」在一次朋友聚會中，提到 ChatGPT 的方便性，一位朋友出口提醒，原來有一位學長，因為使用 ChatGPT 做報告，被學校發現，最後被警告。

我要在這裡提醒大家，做報告的時候，若是參考 ChatGPT 的內容，要特別小心，如果被學校評斷出抄襲或用 ChatGPT 寫作，很容易被警告甚至會被處分，不可不慎！

PART **3** 卡達的
美食與美景

美食和美景在生活中扮演著重要的角色，本章節將會介紹我推
薦的卡達餐廳以及必去景點，若有機會來到卡達，就跟著我的
腳步來踩點吧！

course 1
富豪之國
都吃什麼？
卡達的美食攻略

我之所以運動的最大原因，就是因為喜歡吃！

美食並非一定要使用昂貴食材，而是在合宜的季節，選擇當地的天然材料，不過分烹煮、適度提味，這是許多美食博主或知名廚師共同的口號。當然，要是加上有氛圍的環境，吃就是人生最大的享受。

一頓愉快的用餐，可以讓我們平淡的生活，添加幾抹驚喜的色彩，美食應該是最容易讓人擁有幸福感的最佳利器。

還記得上海封控的那段時間，每天冰箱裡的食材只有牛排（因為鄰居認識牛肉進口商，幸運地買到了 7、8 公斤的牛排，只是需要自己處理、分切、包裝），以及番茄、洋蔥、雞蛋和麵條等相對來說比較容易取得的物資。以前菜市場攤販老闆隨手贈送的小青蔥，在此刻變得十分珍貴。

有一次鄰居在群裡哭喊著：「誰家有一根小青蔥？」他太想念上海的蔥油拌麵，並且一再保證絕對不會浪費這根蔥，一定會把蔥白切下來養在水裡種植。媽媽看見之後，慷慨地把家裡僅存的 3 根小蔥分了 2 根給他。

一週之後，這位鄰居真的拍他養在水裡的蔥白，發現已經長出了小小綠綠的蔥苗，在封控的時空裡，相對現在這種太平盛世的環境，這段養蔥的經歷，肯定令人終身難忘！

在疫情最嚴峻的時期，每天只能待在家中，對於喜歡戶外活動的我來說，是相當折磨的事情，幸好還有美食來撫慰心靈。每當由我掌廚，將各種食材排列組合成「創意料理」時，心中就會感到無比興奮，這是被困在家中，少數開心的事情之一吧！

卡達美食，我來啦！

俗話說：「民以食為天。」無論是高級飯店的山珍海味，還是庶民街邊的風味小吃，都存在著我喜愛的各種美食，因此，一確定要來卡達念書時，除了面對全新生活的不安之外，

就算是封控期間，還是不能虧待自己！將家裡僅存的食材，做出一道道美味料理。

最令人擔心的就是「吃」的問題。

　　來到卡達之前，對於這座城市的印象，只停留在碎片式的想像，可能是滿大街的石油富豪、世界第一高樓哈里發塔等既定印象，對於卡達食物沒有絲毫認知。

　　在卡達生活的外國人將近 8 成，有超過上百種國籍，飲食文化當然是相當豐富，各國的美食餐廳林立，想要哪一種異國餐廳，都可以在這裡找到！過去幾百年來，卡達的料理受到北非、印度與游牧民族文化的影響，料理當中結合了大量的香料，風味十足！

　　初來乍到的我，面對如此眼花撩亂的美食誘惑，一時陷入選擇困難，不知道該「首嚐」哪種料理，最後就近選了一家義大利餐廳。

這家義大利餐廳讓我對卡達產生了好感。對我而言，評估想不想再度光顧的原因，最重要的不僅是食物，還有服務態度。美味的食物當然是基本要求，如果再加上親切的服務態度，就是一道加分題。難怪米其林餐廳的評比指標，除了菜色本身之外，其他因素也是考量重點之一。

來到卡達，就要吃這些！

剛來卡達的時候，因為害怕踩雷，大部分還是選擇熟悉的菜式。除了學校內的伙食之外，中餐、義大利菜和泰國菜是我最常選擇的飲食。

第一次吃到號稱「中東美食」的葡萄葉捲（Warak enab），是在學校裡的外燴餐點上。我們學校經常舉辦各式各樣的講座，為了鼓勵學生積極參加，每一次講座後都備有五星級飯店的高級外燴或茶點，真不知道是講座吸引人，還是高級外燴比較吸引人。

初來乍到，被眼前的美食誘惑。

葡萄葉捲

第一次看到這種外觀不起眼的黑色肉捲，拿在手上的夾子有點下不了手，外觀類似中式的荷葉飯，都是用葉子包裹住米飯，只是荷葉變成了葡萄葉。

「人都到卡達了，難道不敢嚐個鮮，換換口味嗎？」我在心裡幫自己加油打氣，打開葡萄葉捲的葉子，濃濃的香料味撲鼻而來，味道相當重，但是嚐起來沒有特別的味道。葡萄葉捲的餡料用各式香料調味，再包進葡萄葉拿去蒸，如果食用時再加上檸檬，就會越吃越開胃，食材通常是素的，但是有些做法會加入羊肉或牛肉調味後，再捲進葡萄葉蒸，是當地非常普遍的美食！

不過，因為個人不甚喜歡香料的氣味，一時之間無法接受太多，所以也僅只於嚐鮮。

鷹嘴豆泥

鷹嘴豆泥是很普遍的中東小吃，顧名思義就是將鷹嘴豆煮熟後打成泥狀，口感綿密厚實，味道豐富有層次。鷹嘴豆富含蛋白質、維生素 B_1 和 B_6、鈣、鉀、鎂、鐵等營養素，是一種超級營

朋友媽媽做的葡萄葉捲。

養的豆類。

料理方式非常多元，可以加入奶油攪拌，或是揉成團狀下油鍋炸。杜哈正統早餐就是烤餅配黃瓜和鷹嘴豆泥，可以當成正餐或是點心。

把鷹嘴豆泥加點奶油和調料混合後，用原味的玉米片直接挖起來吃，是我很喜歡的一種吃法。我通常當作下午茶或是聚餐時的小點心，要是配上一杯冰紅茶或氣泡檸檬水就更完美了！這樣既有飽足感，又很健康。

卡布沙

還有被稱為「卡達國菜」的卡布沙（Majboos），我的卡達本地同學說這是必吃美食，他說：「幾乎所有的卡達餐廳都可以點到這道菜！沒有這道菜的卡達餐廳，就不是道地的卡達餐廳。」

這是一道用雞肉或是羊肉慢慢燉煮，再加上調味後的米飯、沙拉和番茄醬製作而成，有點像咖哩飯或是牛肉燴飯，味道比較特別的是香料味更重，但是也只能偶一為之，老中的胃，還是讓我覺得中式的餛飩雞湯更來得清爽可口。

雖然已經在卡達待了一年多，但到目前為止，還是不能真正體會到中東菜的迷人之處，可能還是亞洲胃在作祟吧，尤其是在夜深人靜，趕著寫報告的時候，老是幻想著有人提著一袋鹽酥雞、炸四季豆敲開我的房門，那該有多美妙啊！

course 2
來到卡達
吃什麼？
高級餐廳探險記！

　　即便來到卡達這麼長時間，我只有吃過幾次中東菜，最常光顧的還是中式餐廳，畢竟最解鄉愁的還是家鄉味。

　　這幾家中餐廳的老闆都是東北人，他們總是十分豪爽大方，只要看到華人學生，就會三不五時地招待一些小菜，或是在傳統的特定節日時招待應景點心（例如炸元宵），令人備感親切。

除此之外，就是五星級飯店裡的高級餐廳，也是我們一群同學的最愛，經常跟幾位好友假借任何值得慶祝的節日名義，例如生日、剛考完試、交完一份報告、做完簡報等等，說白一點就是找各種理由吃大餐，這時就會光顧比較優雅、比平時稍貴一點的高級餐廳。

原因無他，就是要找機會去品嚐不同餐廳的美食，體驗當地的不同消費層次。

總體而言，卡達的高級餐廳，不但講究外觀環境的設計、內部的裝潢、食物的擺設和搭配、餐具的選擇和服務等，確實能讓人深深領略到卡達的高端消費，以及引領潮流的不俗品味，絕對足以媲美歐美或亞洲其他大城市。

對一個留學生而言，既要入境隨俗地品嚐當地料理，也必須了解每個不同消費層次的差異才對。如果跟曾經居住過的上海、台北，或是旅遊過的歐美等大城市比較起來，卡達餐廳不論是國際化程度、價格、服務、裝潢和菜色，絲毫不遜色於這些國際城市。

在卡達的常住人口中，有 8 成的人來自其他國家，其中以印度人跟巴基斯坦人居多。這座城市具備的魅力和未來，吸引著許多其它國家的人民在此生活、工作。這種情形創造了卡達多元的飲食文化，並且互相融會貫通，而不是彼此分割，例如我喜歡吃的麵食，在不同餐館有著不同的面貌和吃法。

當然，畢竟我只是個學生，所以沒辦法體驗到最高檔的私人會所，但還是品嚐過許多美味且值得推薦的餐廳。

Soy 餐廳

Soy by Sato 是位於卡達杜哈的高檔亞洲餐廳，主打東方風味，而加州捲正是這家餐廳的特色。

千萬不要小看這道用來療癒胃口的小點心，這可是我們留學生的最愛，因為當地的日式壽司選擇非常有限，能做出地道精緻的壽司捲還真的屈指可數，所以是這裡必點的前菜。

Soy by Sato 的加州捲，是來這裡用餐必點的前菜。

松露和牛釜飯，就算是「減肥」期間，也只能暫時請假了。

加州捲是一種用黃瓜、蟹柳、酪梨加上薄薄的手作美乃滋，並以紫菜反捲米飯的壽司飯捲，在每粒切開的壽司上妝點著不同顏色和口味的魚子或調汁，優雅地用筷子夾起一捲直接入口，清爽又飽含海味的口感真是叫人大大滿足。我不喜歡美乃滋，但是這裡的美乃滋是師傅特別手工調製，非常清爽不油膩，不是濃油厚重一坨擠在上面，而是輕盈地的增添飯糰一絲柔潤。

　　餐廳就位於珍珠島上，視野極美，可以看到整個阿拉伯灣，裝潢十分簡約且具有東方阿拉伯色彩，背景以米白色為主，搭配深色的沙發和桌子，燈光幽靜典雅，白天和夜晚各有不同的景緻，都同樣迷人。

　　另外，我也十分喜歡這家餐廳的松露和牛釜飯，非常值得推薦的一道主食！煎過的松茸菇香氣幽雅，平鋪在煎得柔軟肥嫩的和牛上，下面鋪一層日本的壽司米飯，油脂滴落在白色的米粒上面，沒有過多的調味，最上面撒上炸過的紅椒絲，雖然很想禁食澱粉，但是每次點這道菜的時候，許多的減肥計劃就暫且擱置一邊，明天再說吧！

IZU 餐廳

杜哈文華東方酒店（Meredien Oriental Doha）位於杜哈的市中心，可俯瞰 Barahat Msheireb 城鎮廣場，周遭緊鄰商務區，熱門旅遊景點和機場，十分適合到卡達遊玩時住宿。融合現代與傳統卡達風格的碰撞設計，細膩舒適的色調搭配奢華家居，營造出時尚、優雅的居住環境。

這間酒店裡還有 9 家不同特色的餐廳，讓大家在酒店就可以享受到世界各地與杜哈當地的美食。這裡要向大家介紹我的愛店——IZU 餐廳，由主廚 Izu Ani 主理，提供法國地中海美食，是我吃過最棒的餐廳之一！

整間餐廳的裝修風格是走地中海簡約風格，米色調，大約只有 10 桌左右，服務極好，除了有點貴之外，實在挑不出什麼毛病。

文華東方酒店，在這裡一邊吃著地中海美食，一邊欣賞地中海的風景，真是雙重享受。

文華東方酒店餐廳裝潢。

這道餐廳前菜，左邊是藍莓羊奶起司加自製橄欖油，中間是藍鰭金槍魚塔塔搭配香脆的麵餅。

水牛芝士番茄沙拉。

煎得外焦內軟的和牛牛排。

Masala Library 是一家位於杜哈費爾蒙（Fairmont）酒店的高級印度餐廳，由印度美食界泰斗兼美食家 Jiggs Kalra 創辦。每道菜餚都力圖重現古老的烹飪技術，保留了獨特的傳統製備方式，同時採用現代烹飪技巧，力求給食客帶來獨特的味覺體驗。

當我一走進餐廳時，就像是進入印度美食的時光隧道，這裡的環境簡直是融合了奢華、優雅和古典印度文化三大元素的狂歡派對。從裝潢就可以看出餐廳相當注重細節，如華麗的燈飾、古典風格的家具和精緻的藝術品，打造出奢華感十足的氛圍，簡直是 IG 夢幻拍照點！

此處氛圍絕對是 Chill 滿分，不僅有柔和的燈光，還有超級舒服的座椅，讓你一踏進去就有種回家的感覺。它還可能有一些隱密的用餐角落，讓你和閨密或是另一半度過浪漫的私人時光。

而且，還會播放印度的音樂，超有異國情調。在享受美食的同時，被印度傳統音樂或古典音樂的節奏感染，整個人都融入在印度文化的氛圍中。Masala Library 簡直是一家會讓人不僅吃得開心，連用餐環境都讓你感受到極致舒適的餐廳。

Masala Library 的特色餐點吃過就難以忘懷。首先，我點的傳統印度烤肉（Kebabs）只有一個字可以形容：「絕！」烤得恰到好處的口感，真是讓人欲罷不能！

如果你是個咖哩控，Masala Library 的咖哩也絕對不會讓人失望。它的咖哩超級入味，好似每一種香料都在口中爭奇鬥艷卻又融合得恰到好處，濃郁的醬汁搭配米飯，簡直是一場味蕾的盛宴！而且，還有地區特色菜，每一道都像是一趟印度之旅，感受到不同地方的烹飪風格，每個地區都有獨特的口味和風情。

別以為印度料理就只有肉，Masala Library 的素食佳餚也相當讓人驚豔。素食者們別擔心吃不飽，這裡的素食選擇多到不知道該怎麼點了！那些搭配各種香料和蔬菜的料理，不輸給任何肉類料理，簡直是素食者的天堂。

運用現代化的烹飪技巧，把古老食譜注入新的靈感，讓整體餐點更有層次感。總之，Masala Library 的特色餐點就是一場在口中炸開的美食狂歡，真的是味蕾的極奢享受！

卡達留學是怎樣的？

La Casa Twenty Eight

　　La Casa Twenty Eight 是在珍珠島的義大利餐廳，當我第一次與媽媽來這裡吃晚餐，熱情服務和高水準餐點，真的讓我印象深刻！

　　我們選擇了最傳統的 Pizza、海鮮麵和開胃的凱薩沙拉，都是非常經典的義大利菜。曾經看過一篇文章，提到評價一間餐廳的好壞，就從最簡單的菜式裡挑選，能把一份最普通的菜餚做出驚豔的美味，才能凸顯出主廚的功力，我十分贊同這種說法。當然，這裡除了有傳統經典的義大利菜式外，甜點也是一大亮點，提拉米蘇是我的最愛，綿密的馬斯卡彭起司揉合蘭姆酒的香氣，每一口都彷彿瞬間飛到義大利。

　　餐廳的外觀沒太大的驚喜，因為卡達實在有太多高級餐廳了，但是內部的裝潢很有格調，座位也非常舒服，都是沙發卡座，每桌幾乎都會隔開，用餐時並不會感到擁擠，餐廳內的氣氛很棒，沒有大聲喧嘩的吵鬧嘻笑聲，這是我最欣賞的一點。

比起室內裝潢，比較令我驚豔的可能就是天花板了。

Fait Maison 咖啡廳

這是一家從倫敦來的咖啡館，所以裡頭的裝潢非常具有英倫風情，這裡可是我真心推薦的好地方！

我喜歡這間咖啡廳的原因，首先是咖啡，你可以品嚐到最新鮮、現場研磨的咖啡豆，散發一股濃郁香氣，一喝就知道是精心挑選的好豆子。

而且 Fait Maison 真的是名副其實的「自家製造」，它的糕點、麵包都是當天現烤，新鮮度滿分，另外蛋糕看起來簡直是藝術品一樣，每一口都讓人感到幸福滿滿。

重點來了，這裡的氛圍超級舒適，很適合坐下來跟朋友閒話家常，或者一個人靜靜享受一杯咖啡或茶，是假日放鬆的好去處。

不僅如此，Fait Maison 的午餐選擇也很豐富，有沙拉、三明治、鹹派等等，每一道菜都有自家特色。而且對食物及服務的用心程度，真的能從踏進門後就感受得到。

總之，如果想找一間悠閒、美味、有質感，還有美景的咖啡廳，Fait Maison 絕對是首選！有機會的話，一定要來試試吧，絕不會讓人失望。

Fait Maison 的室內裝潢，呈現一般英倫風情。

　　卡達留學是怎樣的？

course 3
卡達國家博物館（Qatar National Museum）

　　想要認識一個國家，一定要先去了解它的起源和文化，參觀國家博物館應該是最容易接觸該國歷史與文化的地方。

　　卡達自 16 世紀以來，先後成為葡萄牙、西班牙和英國的殖民地。1872 年併入鄂圖曼土耳其帝國，直到 1916 年土耳其被英國逐出後，卡達與英國簽訂保護條約，1971 年 9 月正式宣布獨立。

卡達國家博物館，玫瑰花瓣之美

　　來到卡達絕不能錯過的就是國家博物館，這座博物館可是卡達文化和歷史的一寶。位於杜哈市中心的現代建築，設計靈感來自礦石沙漠玫瑰，由曾獲得普立茲克建築獎（Pritzker Architecture Prize）的設計師尚‧努維爾（Jean Nouvel）操刀，耗時 10 年完成。

　　博物館的建築形狀宛如玫瑰花瓣，共有 539 個大圓盤交錯而成，每個盤子都呈現乳白色，猶如陽光下盛放的花朵。為了突顯輕盈感，內部支架採用放射鋼結構，在圓盤表面使用 7.6 萬片玻璃纖維強化的混泥土切片面板，彷彿一幅不規則的拼圖，呈現出獨特的幾何美感。

這些嵌入建築的圓盤在室內形成不規則的立體牆面，透過切面縫隙灑進室內的光線，搭配周遭天然環境的沙漠色彩，打造出融合沙漠與海洋元素的藝術殿堂。卡達國家博物館的獨特設計和豐富展品，讓人在其中流連忘返。

穿越時空，卡達國家博物館的神秘之旅

　　卡達國家博物館最初於 1975 年落成，之後在 2015 年翻新，在 2019 年開放參觀。此外，博物館曾於 1980 年榮獲阿卡汗建築獎（Aga Khan Award for Architecture, AKAA），也被《時代雜誌》評比為 2019 年世界最偉大的旅遊景點之一。

　　踏進卡達國家博物館，彷彿穿越時空，它不僅僅是一個展示場地，更像是一場充滿歷史故事的奇妙冒險。每一個展區都深度挖掘卡達的豐厚歷史，從古老的商業據點一直到現代的國家建設，每個展區都充滿引人入勝的敘事。

　　卡達國家博物館不只單純展示繪畫和雕塑，而是通過 21 世紀的燈光、聲音和視覺來描繪卡達的歷史。我們可以親身感受各種古老文物和手工藝品，同時融入現代科技，使整個參觀過程更加生動有趣。尤其是博物館的建築設計，精心結合傳統和現代風格，帶有一種獨特的美感。

　　這座博物館也獲得美國綠建築協會四星級評等的優質博物館，陳列了豐富的考古與歷史珍寶，包括手稿、照片、珠寶首飾等。其中最引人注目的展品之一，就是著名的珍珠地毯，由印度巴羅達大師於 1865 年製作，鑲嵌 150 萬顆珍珠、鑽石、紅藍寶石，用黃金鑲邊，以真絲與鹿皮編織而成，是

廣泛運用寶石的瑰寶。

　　博物館內擁有 11 個展廳，帶領參觀者深刻體驗這個半島國家豐富多變的命運。透過音樂、口述歷史、影像與圖片，彷彿置身當年的情境。此外，博物館還設有咖啡廳、餐廳、禮品店，以及供教學使用的設施，是造訪卡達必不可少的景點。相較於故宮博物院，卡達博物館提供截然不同的體驗。

　　外觀現代且蘊含文化特色，年輕人參觀時無需事先做太多功課，也無需導覽人員指引，一進入就能自然地跟隨設計好的路線，加上生動的聲光簡介和模擬場景，輕鬆踏入卡達的歷史之中。

　　卡達國家博物館不單單只是古代文物的展示場地，更像是一個充滿著冒險和驚奇的遊樂場。不管你是歷史迷、藝術愛好者，還是只想冒險一下的探險者，參觀卡達國家博物館都會是一場難忘的旅程！

course 4
伊斯蘭藝術博物館 (MIA)

　　伊斯蘭藝術博物館經過大翻修，終於在 2022 年 10 月 5 日重新向大眾開放了。這座博物館是由國際知名建築師、普立茲克建築獎得主貝律銘（I.M. Pei）親自操刀，他可是打造過巴黎羅浮宮前的玻璃三角金字塔和蘇州的徽式博物館的傑出建築師。

　　伊斯蘭藝術博物館坐落在科尼奇島上，這座建築可不只是一個藝術場所，還是伊斯蘭藝術的象徵，更是串聯歷史和東西文化交流的橋樑。這可是貝律銘大師的巔峰之作，堅硬而輪廓分明的設計靈感來自於突尼西亞在第 8 至第 9 世紀所建立的堡壘，因此整座建築充滿了古老的氛圍。

融合現代與古老伊斯蘭風格的建築

　　博物館的內部設計巧妙結合了現代與伊斯蘭傳統風格，還融入宗教建築的特色，就像是現代風與伊斯蘭古老風的混血兒。簡潔又抽象的表面造型，呼應著正統的現代主義，同時也是對古老伊斯蘭建築的致敬。

　　特別有趣的是，博物館中庭的阿拉伯風格半球型圓頂，是由不銹鋼板建構而成的複雜圖形，看起來就像眼睛一樣。這是透過鏤空技法，形成眼睛狀的孔口，令人聯想起巴洛克式教堂和古代清真寺經常使用的複雜幾何圖樣。150 英呎高的巨大玻璃帷幕牆裝飾四壁，透過它可以俯瞰波斯灣的壯麗景色，碧海金沙盡收眼底，真是美不勝收！這也生動地呈現出這座本來是遊牧民族小漁港的地方，如何成為世界文化之都的宏偉企圖心。

　　展館的主題涵蓋了不同歷史、文化、時期和地域，深入探討伊斯蘭的傳統工藝，同時增設了東南亞伊斯蘭教的新展區，透過貿易和思想交流的藏品，呈現出不同地區、文化之間的緊密聯繫。進入伊斯蘭博物館必看的藏品，就是──藍色

伊斯蘭藝術博物館。

古蘭經、Cavour 花瓶、Varanasi 項鍊、Hamida Banu Begum 手稿，還有掛毯等等，真可說是伊斯蘭藝術的大匯總，到此一遊可以親身感受中東各地文化的連結。

黑科技互動，年輕人不能錯過的體驗！

各展廳以不同主題，生動呈現了伊斯蘭藝術在橫跨地域和不同歷史時期中對材料的運用，同時深入討論了伊斯蘭教的起源和傳播。

新展館還特地展示中國和東南亞的伊斯蘭文化，因為這些地區可是當今世界最大的穆斯林聚集地。還有新設立的「家庭步道」，成為翻新後的一大亮點。透過最新科技、互動展示和多感官體驗，打動不同年齡層的訪客，深入探討和生活相關的主題。

即使對博物館的內容沒有太大興趣，建築物外觀絕對能吸引人目光。整座建築就像是漂浮在阿拉伯灣上的樂高，借助海面作為背景，簡單的幾何形狀在陽光下呈現出獨特的光影效果。建築周圍環繞水域，宛如一只伸進杜哈灣的大托盤，裝滿了阿拉伯人的傳奇故事和貝律銘大師的藝術成就。

夜幕降臨，綠樹環繞陸地，營造出一種與天地連成一體的宏偉感覺。無論是日落時分，還是夏日清晨，都是絕佳的拍照打卡勝地！

　　卡達留學是怎樣的？

course 5
走進卡達人的日常

雖然我的成績不像姊姊那樣好，但已經花了大錢出國留學，加上是自己的夢想學校，仍會希望有一個好成績，因此每當做報告或是考試期間，壓力就會「噌噌」地往上衝。

所以，每當考試或報告結束之後，就會在卡達的街上散散步，體驗一下當地人的日常生活，否則平時都是待在學校或是固定場域，三點一線的生活還是有那麼一點平淡。你說是嗎？

瓦奇夫傳統市場，深入了解卡達文化的絕佳窗口

　　雖然在來卡達之前，已經事先查詢過資料，也知道卡達大多數都是外來人，但真正走在街頭上，才會真實感受到「大多數」的比例。走在卡達街上，所看到的路人，10 個有 9 個都不是卡達人，很多都是印度人、孟加拉人、菲律賓人、泰國人、馬來西亞人、中國人等等。從公車司機、計程車司機、店員、小店家，甚至公家機關底層職員，幾乎都不是卡達本地人，所以整個消費市場呈現兩極化的現象。

　　我在逛百貨公司的時候，總是看到一些穿著華麗的卡達人在挑選衣服，但 9 成的外來人則是掃購超市的平價商品。所以在卡達，物價其實並不像歐美那樣貴得離譜，還算可接受的範圍。

　　這裡我就要介紹卡達最著名的市場——瓦奇夫傳統市場，這個傳統市場至今已經有上百年的歷史，位於卡達的首都杜哈市，是一個充滿當地文化和傳統風情的古老市場。這個市場是一個結合古老魅力和現代活力的地方，因此常常吸引當地居民和遊客來此體驗獨特的消費文化。

　　市場內的土木結構建築已經歷久彌新，泥牆和外露的木樑散發出古代阿拉伯風貌。複雜的街巷就像一座尋寶迷宮，店鋪和露天攤位琳瑯滿目，有各種香料、阿拉伯服飾、手工藝品等等。更難得的是，市場裡甚至還保留著舊時獨輪小車送貨的傳統。在這裡漫步，彷彿進入了《天方夜譚》的故事裡。

　　市場內的狹窄巷道充滿古老阿拉伯風情，古老石磚建築

和彩色拱門都透著濃濃的中東風格。這裡不僅有手工藝品和傳統紡織品，還有各種香料和當地美食供人選擇。

在瓦奇夫市場，到處都有散落在街邊的露天椅子，但請別誤會，這裡可不是酒吧！卡達出於宗教原因，普通街邊是不允許飲酒的，很多本地人只是坐在這邊抽水煙。

瓦奇夫市場不僅僅是購物的好地方，還是一個文化和社交的中心。市場裡有各種咖啡店和小吃攤，提供遊客品嚐道地美食的機會，同時還能欣賞到當地音樂和表演。整個市場充滿了生氣和活力，是一個深入了解卡達文化的絕佳窗口。

珍珠島

　　卡達珍珠島，位於杜哈灣的中心地帶，花了 25 億美元打造而成。原初構想來自於卡達過去曾以珍珠產業為中心的時代，因此被譽為「卡達之珠」，真的是一座海上奇蹟。從空中鳥瞰，島上建築好似一顆顆的珍珠散佈在湛藍的海洋中，像極了一串珍珠項鍊。

　　在珍珠島上，處處都充滿著翠綠公園、現代風格建築、文化藝術區和高檔商業區，共同營造出一個令人驚豔的島嶼風景。島上的交通系統也相當便利，遊客可以輕鬆遊覽各個景點。

　　不僅僅擁有獨特的建築風格和環境設計，珍珠島還是卡達文化和傳統的代表之一。文化區域展示了當地的藝術、手工藝和傳統表演，讓遊客深入體驗卡達獨有的文化魅力。而商業區域集結了世界各地的奢侈品牌和當地特色商品，提供購物愛好者極致的奢華體驗。

　　尤其是珍珠島的沙灘，是島上最受歡迎的地方，來自沙烏地阿拉伯的金黃軟綿沙子，和湛藍的海水相得益彰，因此每年都吸引著無數遊客和衝浪愛好者，前來這個「阿拉伯的里維埃拉」。

　　這片沙灘不僅適合放鬆，還提供豐富的水上活動。你可以試試風帆衝浪、海上獨木舟、快艇等各種刺激有趣的水上運動，讓整個沙灘充滿歡笑聲和活力。沙灘周邊還有很多遮陰區、沙灘椅和沙灘小屋，方便遊客休息和避暑。

珍珠島的街景，街邊咖啡店在黃昏時刻慢慢聚攏，大家悠閒地在此喝咖啡。

珍珠島是一座人工島，上面有許多知名餐廳和高級公寓，碼頭上也停泊許多私人遊艇。

這是珍珠島的白天景觀，高級遊艇接影連輝，這張照片是從 Soy 餐廳往外拍攝，是不是很有度假區的氛圍？

無論是陽光明媚的白天，還是夕陽西下的浪漫時光，珍珠島的沙灘都呈現不同的風采。在這片寧靜而美麗的海灘上，可以讓人盡情放鬆，沉浸在海浪聲和微風之中，還可以享受到飲料、小吃和其他海灘服務，在結束期末考地獄之後，到珍珠島度假充電，真是一場極致的海濱體驗。

總之，卡達的珍珠島是一個融合了自然、文化和現代元素的地方，提供遊客一場視覺和文化上的絕妙之旅。

卡達香蕉島

香蕉島上僅有一家酒店是 Anatara Banana Island 集團下的 Banana Island Resort Doha，小島四周由大海圍繞，類似馬爾代夫。

一踏進小島，就彷彿進入一個充滿熱帶風情的樂園，可以讓身心靈完全地放鬆下來。這片富饒之地坐落在卡達灣的中心，陽光濃烈地灑落，海風溫暖，十分宜人。

Banana Island Resort Doha 酒店外觀。　陽光、沙灘，感受度假愜意時光。

海邊的西洋棋裝置藝術。　　　香蕉島上的餐廳。

　卡達留學是怎樣的？

course 6
2022 世界盃
足球賽總回顧

提到卡達，大多數人可能馬上聯想到世足盃，相信這也是很多人認識它的起點。

自從世界足球聯盟（FIFA）宣布2022年的賽事將在卡達舉辦以來，相關媒體報導就開始密集起來，卡達政府為了舉辦這場盛事也卯足全力，投入將近3,000億美元興建一座名為「盧賽爾」的全新城市。

為此還整修了杜哈的地鐵系統、擴建國際機場，並邀請知名建築師打造多座造型優美且設備先進的足球場。此外，還找來足球明星貝克漢當形象代言人，卡達航空也邀請帥氣的球員明星拍攝廣告，作為賽前的熱身和宣傳。

梅西的帽子戲法，讓 12 歲的我迷上足球賽

世足盃比賽期間，頻頻出現令人意外的競賽結果，一場場的激烈對抗，一直到決賽最後一刻的瘋狂逆轉，使得熱愛足球的球迷們沉浸在那屆精彩激烈的時刻中，至今難以忘懷。

最後的頒獎儀式更留下令人感動的畫面——梅西抱著大力神盃、披上卡達代表最高榮譽的黑袍，慶祝阿根廷時隔 30 多年重返榮耀的一刻。透過螢幕看到阿根廷舉國歡騰，互相擁抱與哭泣的場景，這一切都令許多人深受感動，不禁流淚。

雖然我不是狂熱的足球迷，但算是梅西的粉絲。記得他剛出道時，還是一個披著長髮的 19 歲少年。當時足球界還有不少知名的球星，例如貝克漢、小羅、大羅、德科、范尼等，然而，在一場巴薩對戰皇馬的西甲冠軍對決，梅西一人踢進 3 球的帽子戲法，讓他一戰成名，開啟了球王之路。

我從 12 歲就開始關注足球，就是因為這場比賽的重播，讓我對梅西產生了敬畏之心。他不僅是個足球天才，也是許多足球員的楷模，這也是他深受其他球員尊重及球迷們熱愛的原因吧！

比賽雖然結束了，但那幾個超精彩的瞬間真的值得記錄下來，讓我們這些球迷們一再回味：

◎ 2022 年世足盃得獎名單

金球獎：梅西（阿根廷）

金靴獎：姆巴佩（法國）

最佳年輕球員：費南德茲（阿根廷）

金手套獎：馬丁內茲（阿根廷）

◎「沙烏地阿拉伯首戰阿根廷」的大爆冷門

C 組沙烏地阿拉伯首戰阿根廷，大爆冷門意外獲勝，舉國歡騰，大概連沙國酋長也無法想像，他們居然可以打敗阿根廷這強勁的對手。沙國門將歐維斯（Mohammed Al Owais）一戰封神，帶領球隊取得意外的勝利，成為歷史。

主帥瑞納德說：「我們創造了歷史，這個故事將永遠流傳下去。」這場比賽只能用不可思議來形容！

◎韓國險勝葡萄牙

在 H 組比賽中，韓國隊靠積分與淨勝球相同的情況下，險勝葡萄牙，擊敗葡萄牙晉級 16 強，為比賽增添了懸念。總歸一句，分組的運氣在這次比賽中好似有神操控般，讓整個戰局變得深不可測。這樣的結局，只能慶幸自己不是賭徒，不然賠率大概會讓押錯寶的人扼腕一輩子。

◎梅西的巧妙轉身

在 8 強賽中，梅西的巧妙轉身幫助隊友射進致勝球，騙過克羅埃西亞的強大後衛，助攻讓隊員射門破網，最後以 3：0 讓阿根廷挺進冠軍賽，展現了卓越的球技和領袖氣質。

若沒有看到球賽的當下，實在難以體會為何梅西的球技如此了得？為何他能深受球迷們的愛戴？我喜愛梅西的原因，不僅是他的足球天賦，更重要的是他在隊裡發揮的團隊精神與無私的領袖氣質，令人讚嘆。

◎ C 羅淚灑球場，告別世足盃

C 羅打完與迦納的比賽後被教練冷凍，直到進入 8 強對戰摩洛哥才以替補球員上場，即使如此，葡萄牙最終未能扭轉頹勢，英雄落淚離場，告別世足盃，成為感動全場的一幕。

當然事後有許多有關 C 羅被冰凍的傳聞，但我還是不懂，這是一場國際級的賽事，球員代表國家出戰的前提下，不是都該以國家為最高榮譽，而排除個人的恩怨嗎？這是我在這屆世足盃當中，最難以釋懷的事情。

◎女性主裁判首次執法

女裁判弗拉帕（Stephanie Frappart）在 E 組德國對哥斯大黎加之戰執法，成為首位在男子世足盃中執法的女性主裁判，這在男性主導的體育界中，真是邁出了世紀的一大步。這件事真的是值得大聲喝采一番！

◎摩洛哥成為「首支踢進四強」的非洲和阿拉伯球隊

本屆世足盃成為首支踢進 4 強的非洲和阿拉伯球隊。賽前不被看好的摩洛哥在 F 組小組賽就以積分拿下分組第一，首戰踢平克羅埃西亞，次戰拿下比利時，末輪又贏加拿大。16 強賽時 PK 大戰擊敗西班牙。最後又在 8 強賽擊敗葡萄牙。

摩洛哥成為首支踢進 4 強的非洲球隊，看他們球隊打球真的有種非洲雄獅的霸性與狂野，好像每屆的世足盃都有非洲隊勇猛闖關的衝擊。

◎德國提前打包回家

更加讓人跌破眼鏡的是──日本戰勝曾經 4 度奪冠的德國隊！踢進致勝球的淺野拓磨形容：「打敗德國就像美夢成真，因為先前受到與阿拉伯比賽的鼓舞，然後想我們一定也可以，結果真的做到了！」雖然很為日本隊開心，但我心裡還是有小小的失望，因為最終德國還因為積分緣故提早打包回府，滿滿的帥哥團就這樣提前離席了。

◎樂極生悲的阿布

小組賽 C 組喀麥隆球員阿布巴卡爾（Vincent Aboubakar）在受傷補時階段，用頭頂立功，補進一顆致勝球，氣走原本準備晉級的巴西。內馬爾不敢置信這是最後的結局，落寞離場，巴西終究無緣進入決賽。

當阿布正在享受勝利的滋味時，裁判走過去和他握手，然後亮出第二張黃牌，因為兩張黃牌換得一張紅牌後，將他

正式趕下場。這場球賽最失望的一定是內馬爾的球迷啦！誰知道當紅的球星這麼快就打包退場，買票的球迷們肯定嘔死！

當世足盃旋風席捲全世界，從南美洲、歐洲、亞洲、非洲、到中東，每天都有幾億人在觀看，更有上百萬的來自全球各地的球迷飛到卡達現場觀戰，當賽事落幕，一切歸於平靜後，又為卡達留下些什麼呢？

據估計，卡達為了世足盃在 12 年來砸下 3,000 億美元，創下世足盃最貴的成本記錄。但是世足盃幫卡達打造了國際能見度和正面形象，所以卡達舉辦世足盃不完全是為了賺錢，也是一種軟實力的展現，尤其是在外交上必能創造跟區域內其他國家的連結。

畢竟卡達握有全球第三大的天然氣儲量，也有豐厚的石油資源，但多年來只依賴能源出口，當局希望可以藉此轉型成更多元的經濟型態，期待讓卡達成為區域性的觀光和商務樞紐。

世足盃吉祥物 La'eeb。

PART **4**

我的聯合國
小夥伴們

踏入西北大學的卡達分校，彷彿進入了聯合國的大家庭。在這裡，我結識了來自世界各地的同學，深刻了解不同國家和種族之間的文化多樣性。

148   卡達留學是怎樣的？

course 1
小米 │ 10 個人只有一個是純正的卡達族人

　　還記得在第二章介紹的小米嗎？她是我剛來西北大學上課時，陰錯陽差認識的好閨密，因為她在課堂玩手機被教授提問時，我不小心引開老師的注意力，幫她解圍，才開啟我們的友誼。

　　小米是我第一個認識的卡達本地人，是她開啟了我對卡達的另一個印象，所以特別邀請她來跟我們簡單介紹卡達，還有她在卡達碰到外國人的趣事，希望可以改變大家對於卡達的刻板印象！

幸運地進入國際學校，拓展視野

　　我是小米，因為身處在保守的伊斯蘭教國家，這裡的文化和法律都會受到伊斯蘭的戒律影響。特別是女性，在這裡可是社會的中堅力量。我老爸曾經跟我引用 Al Qayyim AlJawziyya 的名言：「女性是整個社會的組成分子，因為她們孕育了生命，簡直就是整個社會的奇蹟。」（Woman are one of half of society which gives the birth to the other half so it is as if they are the entire society.）

　　這句話強調了女性在社會中不可忽略的地位，所以在我成長的過程中，一直被灌輸著要成為家族的光榮形象，不能有任何失禮或不當的舉動，因為在這個小地方，風聲可是傳得很快，一不小心就會成為八卦焦點。

　　雖然我的家族和其他卡達人並沒什麼多大的區別，但我還算幸運，有機會進入一所國際學校，給我一個認識來自世界各地同學的機會，也拓展了視野、豐富人生，這點應該是我比那些沒機會進國際學校的同齡人更幸運的地方，或許可以說是卡達人心中的理想典範吧！

　　當然，或許有些和我同齡的卡達女孩，她們對理想的標準可能不盡相同，畢竟我們都生活在這麼一個保守且相對封閉的社群當中，這讓外國人很難深入了解我們的文化和價值觀。或許會因此受到一些指指點點，但好在到目前為止，我還沒遇到感到尷尬或難堪的經歷。

2022 年的世足盃，卡達像是換了一個全新的模樣，也向世界展示了另一種風貌。我們很期待這場盛事能吸引更多人來卡達體驗，不論是旅遊、讀書，或是工作。

還記得一次，我遇到兩團來自拉丁美洲的旅遊團，他們有點害怕，原因是他們對這裡的文化一竅不通，擔心穿著不當會被處罰，或者不知道該如何和當地人互動，還擔心可能無意中觸犯當地法規等等。其中一位男士甚至提到，他害怕和卡達女生隨便聊天或多看一眼，就可能被關進監獄，還有人擔心自己的短褲太短會引起麻煩，要跟警察解釋原因等等。我和朋友聽完她們的描述後，不免笑出聲來，沒想到我們在外國人眼裡竟是如此，只好向他們保證這些擔憂實在多餘。

當然，卡達確實有一些法規在外人看來較難理解，但那是因為受到伊斯蘭教律的影響，我們也希望大家能尊重我們的宗教信仰和文化。男女互動確實有一些限制，比其他地方嚴格一些，但這並不代表所有外國人都不能與卡達女性交流。

最後，我想代表所有卡達的女性說幾句話：「請不要害怕跟我們說話，不要對我們敬而遠之，有任何疑惑都可以直接提出來，我們都很樂意與大家分享我們的文化與傳統。」

course 2
小文｜我的飯搭子夥伴

　　皮膚白皙的小文是我的學姐，來自廣東，也是我外出覓食的好夥伴。我倆有很多共同點，就是熱愛美食、喜歡環境優美、有特色的餐廳，加上對食物的品味相似，因此成為飯搭子。

　　撇開預算不談的話，卡達不乏許多值得探訪的好餐廳，從五星級飯店裡的餐廳到三星級廚房，或是私房小店，都是我們週末探險的好去處。除了第三章介紹的餐廳之外，這裡再加碼介紹幾家值得推薦的餐廳！

　　首先是學校的餐廳 GRAZE，千萬不可以小看學校的餐廳伙食，通常也會有令人驚豔的食物，現在時下最流行的 Acai Bowl 巴西莓果碗，其實就是一杯濃郁又充滿活力的飲品，深紫色的色澤會讓人感覺富足又可以挑逗食慾，比起翠綠又單調的精力湯更加引人入勝，在炎熱的卡達氣候下，來杯冰涼消暑又高度抗氧的飲品，是校內最受歡迎的飲料。

　　對像我這樣的留學生來說，中餐肯定是療癒鄉愁的最佳良藥。其中的最佳選擇就是 NOVIKOV，這是一家來自倫敦的中餐廳。餐廳坐落於老佛爺百貨附近，逛完街之後可以直接走過去，餐廳裝潢是典雅的法式古典風格，雖然說來自倫敦，卻會提供道地的港式飲茶、精緻茶點。

　　其中有一道「菌菇松露餃」是我的最愛！水晶般透明的餃皮包裹著充滿香氣的菌菇，連吃一整籠都不會覺得罪惡，還有蝦餃、扇貝刺身等，非常值得專程跑一趟來好好品嚐。這家不同於傳統中餐廳的風格，沒有油膩的煙味，菜色也較為清淡，裝潢典雅是逛街後犒賞味蕾的最佳選擇。

美味的菌菇松露餃。

IZU 的牛排，永遠是第一選擇！

擁有心電感應的牛排店！

「啊！好想吃牛排！」

「那我們去吃那家吧！」

IZU，每當我們想吃牛排的時候，總會第一個跳出來的名字，三分熟的牛排煎得恰到好處，另外這家餐廳必點的「藍紋起司沙拉」也非常經典，而且是最能體驗廚師功力的菜餚。

最值得一提的是服務，其實卡達一般餐廳的服務水平都不錯，但是這家真的要親身體驗，才能判別高級和普通的差別到底在哪裡——適度而且貼心、不會盲目推薦，甚至他們都好像能看穿你的喜好似的，直接就打中靶心。

　卡達留學是怎樣的？

course 3

小雅｜卡達我的家！一個融合傳統與現代的國度

　　我和小雅是在課堂上認識的，因為同組所以互動比較多。

　　我發現卡達人的個性大都很熱誠、單純，一旦熟識之後，都很容易變成好朋友，此篇就請她來和我們分享吧！

我是小雅，在 8 歲那一年，我們全家移民到卡達。因為年紀還小，我對搬家、新學校、新同學和新環境並不十分在意。我的父母努力尋找一個讓我比較容易適應的學校和課程，最後他們選擇英國體制的國際學校。

要不是移民卡達，我也上不了大學！

　　我在杜哈度過了無憂無慮的童年，這裡成了我的家鄉。由於 2003 年的伊拉克戰爭，我們的生活發生了巨大變化，讓父母產生移民的念頭。來到卡達後，我們的生活逐漸穩定下來，生命財產也受到了保障，如果不是移居卡達，可能也無法順利讀書並進入理想的大學，現在想來父母做了最明智的抉擇。

　　我很容易適應環境並結交新朋友，這是因為以前的同學都來自不同種族、信仰和文化，磨練了我面對各種文化和種族的能力。伊斯蘭教是卡達的主要宗教，也是整個國家文化的核心，作為伊斯蘭教徒，我對此感到自在，而卡達也是個尊重宗教信仰自由的民主國家。

　　在求學階段，每所學校都有獨特之處，但是大部分在杜哈的學校，都會讓男女生分開上課，不過課後是可以交流談話，並沒有禁止雙方互動。由於宗教關係，女生在一定年紀之後，就要戴上頭紗（Shayla），傳統習俗是女生在公眾場合必須把頭髮包起來，雖然這對很多人來說難以理解，但我早已習慣這樣的規定。

卡達嚴格的國家法律規範，保障了居民的安全，讓居住在這裡的我們不用時時刻刻擔心生命和財產會受到威脅。即使在外逗留得再晚，都不用擔心會有人身安全問題，這是我認為卡達最值得讚揚的地方。

居住在卡達的居民或是公民都可以享有豐富的福利，包括低廉的醫療保險。對其他國家的人民來說，醫療保險可能會是一筆不小的支出，但是在卡達則不然，幾乎每個人都可以享受低廉的醫療保險，而且保險內容還涵蓋了手術、藥材等高昂醫療項目。我的母親就是一個活生生的例子，她在幾年前罹患癌症，幸好有卡達的醫療保險，承擔了所有的醫療費用，現在她完全康復了，這也證明了卡達政府的福利措施對人民的影響，是多麼地巨大。

另外，卡達人的薪資會比一般外來居民高出許多。就好比同一家企業付給歐美國家員工的薪資，要比東南亞的員工高一樣，這種差異的存在，可能是因為在歐美地區的薪資水平較於東南亞國家的薪資水平高，而卡達的消費水平就跟歐美差不多。

總之，如果有了良好的人脈關係，再加上穩定的工作收入，居住在卡達，真的可以高枕無憂地過日子啦！

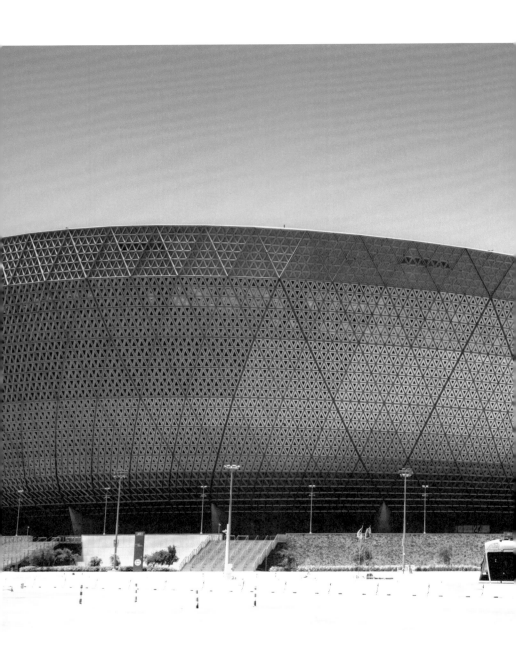

160　　卡達留學是怎樣的？

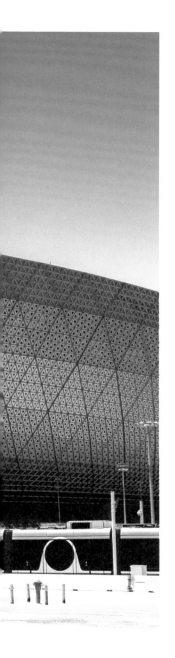

course 4
阿默｜來自沙特家族的足球評論員

　　我對阿默的感覺相當矛盾，既是最喜愛同時也最討厭的組員。他體型瘦弱、五官秀氣、不算高（170 公分出頭），一頭帶捲的頭髮蓋住額頭，皮膚不像傳統阿拉伯人那麼黝黑，甚至還有點白皙（跟我比起來）。他說話帶點特殊的腔調，但是不嚴重，因此平常對話沒有什麼問題。

　　出身富裕的沙特家族的他，在高中時就到卡達讀書，聽說成績非常優秀。

阿默很喜歡足球，雖然不是足球選手，卻是位擁有獨特魅力的足球評論員，經常在個人 X（前身為 Twitter）上發表許多足球相關的文章，擁有眾多粉絲追捧。可能是因為出身富裕的沙特家族，阿默在課堂的表現有那麼點貴族風範，平時沉默不語，老師問問題時，也不會搶著回答，而是等到大家都發表完想法之後，他才會從容地開口，而且回答內容都令老師頻頻點頭。

　　每當我和他同組的時候，他總會跟我針鋒相對，對我的提案和內容挑東撿西，好像拿把放大鏡非得找出破綻似的，讓人恨得牙癢癢。但又不得不說，和他同組的好處是我們一定可以拿到班上最高分，因為兩個人都很會「找碴」，互挑毛病的結果，就是不斷修正與加強，不輕易放過對方的疏忽，同時也不會潦草地善罷甘休。

嚴格的家庭教育，沒有商量餘地

　　「我們家只要做好自己的事，大人就不會過多介入。」

　　「那你家呢？」當一群人在討論家庭教育時，有一位同學問阿默。

　　「我們家很嚴格，基本上是說一不二。」他跟我們分享小時候的事情。他說自己小時候非常調皮，會把同學的書包藏到廁所，還會故意把同學的制服剪破等。後來他母親為了跟同學家長道歉，可是費了許多功夫和銀子。

　　「現在想起來，那時候真的做了許多匪夷所思的事。」

聽完之後，讓我感到十分詫異，因為他現在的樣子，實在看不出曾經如此叛逆，只有跟他同組才能親身體會他的思路有多麼天馬行空、手段如何獨一無二。

　　然而，他對父親的要求沒有任何商量的餘地。我們正興高采烈地聊天，時間大約才晚上 9 點半左右，卻見阿默接到父親電話後，馬上拿起包就匆匆回家，完全毫不猶豫。還有因為疫情的關係，他父親要求他在公眾場所一定要戴口罩，他也恪守規矩，想想在卡達這麼炎熱的氣候裡，整天戴著口罩會有多麼辛苦，但是我真的沒聽過，他抱怨這些我們看起來有點過度嚴苛的規定，或許，這種遵從父權教誨的傳統早已深植在他的內心深處，毫無疑問。

PART **5** 我在卡達的
生活花絮

這一章節我將跟大家分享卡達的日常，包含在卡達的各種奇遇、杜哈的學校歲月，以及適應多元文化的點滴。

　卡達留學是怎樣的？

course 1
度假歸來

　　剛從美國度完假回來，扛著兩大箱行李進入宿舍時，早已夜深人靜。

　　好不容易把行李拖進房間，早已筋疲力盡，累攤在椅子上連動也不想動，坐了幾十個小時的飛機，再加上轉機的時間，幾乎將近 22 個小時，好希望馬上就可以躺在床上倒頭大睡！

不眠的夜晚，一通通求救電話

「啊，要先跟媽媽報個平安。」於是我抬起 100 公斤重的手拿起手機，準備撥給媽媽時，發現房內的網路又不靈了，讓我下意識地翻了白眼。

「齁！又來！」宿舍網路經常在最關鍵的時刻凸槌，尤其是在選課和搶課的緊張時刻，經常令人欲哭無淚！但是這些事早已經是小菜一碟，根本就難不倒我。我開始打電話給宿舍的技術維修人員，連打 5 通電話，再發幾則嚴重聲明的MAIL 給管理人員之後，終於有人提著工具箱，睡眼惺忪地來敲門了。

這時候我的睡意也消除了一半，想想還不如趁早整理一下行李吧！望著那只躺在地上的大皮箱，突然間，有股不祥預感湧上心頭。

那只被塞爆的大皮箱，重達 40 幾公斤，裡面塞滿了我在美國斬獲的各項戰利品，諸如瑜珈服、媽媽的保養品、姊姊的 ALO 褲子、鞋子、送同學的禮物，以及聖誕節打折的各種服飾等等。還記得當初為了把箱子蓋上時，還麻煩朋友把屁股坐在皮箱上用力壓緊，才能勉強闔上。

但現在，怎麼也打不開它。我急得在原地繞圈，連續打好幾個求救電話，連隔壁寢室的同學都聽到我的哀號聲而跑來幫忙，試了幾十遍又敲又打還是打不開，最後宿舍管理員建議：「就找鎖匠來開吧！」我在網路上找到鎖匠的電話，但是現在是半夜，最快也要第二天才能來，只好再三叮嚀鎖

匠第二天務必一早前來。

獨自在外，應變能力 Level Up

　　經過一番折騰，我的睡意全消，躺在床上翻來覆去，突然靈機一閃，從床上彈跳起來，滑開手機尋找萬能的小紅書，搜尋有沒有類似的狀況可以參考。

　　「嘖嘖嘖，我開始佩服自己的應變能力了。」一邊打上「開鎖」關鍵字，一邊誇獎自己，果真讓我找到了許多開鎖的相關訊息，我一個一個嘗試，最後依照上面的指示用髮夾撬開卡榫的邊緣，「趴搭」一聲，箱子終於打開了。

　　萬歲！居然自己就把皮箱打開了，更高興的是不用花幾百卡幣[註]請鎖匠來開鎖，省下了一筆錢！

註 ————

卡幣：卡達里亞爾（Qatari Riyal，貨幣編號：QAR）是卡達的官方貨幣，也是該國的法定貨幣，輔幣為迪拉姆（Dirham）。發行和管理皆由卡達中央銀行（Qatar Central Bank）負責。

卡幣與台幣之間的匯率約 1 卡幣 =8 塊台幣（2023.12.29 查詢）。

我一邊讚嘆自己，一邊把行李箱內的東西拿出來時，一道光從腦海裡閃了過去——啊！要趕緊把這件事告訴媽媽！因為昨晚的緊急事故，往她的手機裡留了十幾通訊息：「怎麼辦？行李箱打不開了！」、「這麼晚了該怎麼辦？」、「為什麼要讓我帶這麼多東西啦！」從最初的驚慌、無助，再接著抱怨，雖然卡達與中國的時差僅有 4 個小時，但當時已經是凌晨，媽媽可能已經入睡了，所以一封訊息也沒有回，既然現在問題解決了，還是不要讓遠在地球另一端的她擔心，也讓她知道我可以自己處理問題了，便將前面的訊息通通收回，只留下了簡單的解釋，以及一張打開的行李箱照片。

　　當遇到問題時，千萬不要慌張，要沉著、想出解決的方法。感謝小紅書、感謝卡住的箱子，讓我又成長了。

在外留學，遇到問題怎麼辦？

　　獨自在國外就學時，可能會面臨各種問題，例如語言障礙、文化風氣、學業等，在陌生的環境中或多或少都會遇到難題！在面對問題時，不要害怕尋求幫助，學校和當地社區通常都會提供支援。同時，保持開放的心態，積極面對挑戰，這將有助自己更好地適應和享受在國外的一切經歷。

　　以我來說，雖然卡達的官方語言是阿語，不過因為外來人口非常多，因此英語是他們的第二外語以及通用語，用英語就可以交流，所以在語言方面沒有造成很大的困擾。

　　最大不同之處在於文化方面，適應新的文化可能需要一些時間。與當地人交流，積極參加社交活動，可以幫助更好地融入異地生活。以前在中國上學就會盡量多參與活動，到了卡達也不例外！不論是學校還是社區，多結交新朋友，就能輕鬆擴大社交圈。不過，卡達人非常重視傳統和禮儀，所以要尊重當地習俗，例如禁止公開飲酒，要遵守這一點哦！

　卡達留學是怎樣的？

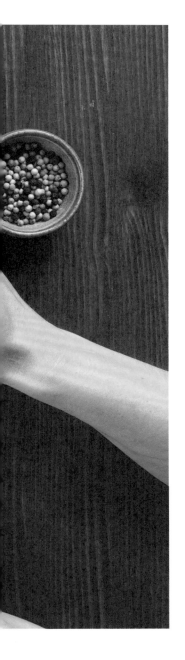

 course 2
下廚樂

　　杜哈的消費水平，相較於香港、上海和紐約等國際都市還真是毫不遜色，「高貴」得肉痛。對一個熱愛享受美食的留學生來說，吃飯這件事，除了填飽肚子之外，還是需要有一點變化和儀式感。

　　學校的伙食雖然算不上精緻，但價格可都是在水平之上。對我而言，除了滿足口腹之慾外，還要考量荷包預算，幸好，我雖然是個美食主義者，也是個能動手下廚的小廚娘！

還記得剛來杜哈的時候，因為喝不到熱騰騰的湯而經常鬧肚子。後來終於在電器行買了一只 KENWOOD 的精美電鍋之後，就此展開了我的業餘廚師生涯。

學校的超市裡有各種簡單的蔬菜和肉品可供挑選，如果沒有時間到大超市採購的話，也足以應付幾道簡單的料理。稱為「料理」可能有點誇張，但是我最拿手、最喜歡的就是番茄義大利麵，雖然材料簡單，但是嚐過的人都讚不絕口，就姑且讓我膨脹一下吧！

因為宿舍不能開明火，也沒有工具，所以只能稍微簡單地用電鍋來煮我的拿手絕活！

首先，用電鍋燒開水煮麵，煮好麵撈起來之後，再把鍋裡的水倒掉，把切好的洋蔥丁、大蒜末用橄欖油炒一下，待香味出來後，放入番茄丁一起煸炒，直到番茄成糊狀後，就可以加一點番茄膏繼續炒，最後加胡椒和鹽調味，倒入一點白酒和牛奶，再把剛才煮好的麵條加進去拌炒、收汁，這時候可以加點蛤蠣或是鮭魚，因為海鮮不能煮太久，所以一定要最後下。不一會兒，一大盤香噴噴的義大利麵就完成了。

除了義大利麵之外，我最喜歡的就是熬一鍋雞湯。湯是我的最愛，早上一碗熱騰騰的湯下肚，可以讓我整天精神飽滿，再加上幾粒牛肉餛飩，真是太滿足了！

透過食物是最容易和朋友產生共鳴的一種方式，也因為這點小手藝讓我在宿舍裡收穫了不少友誼，間接做了國民外

除了電鍋之外，氣炸鍋也是在卡　我的拿手義大利麵
達不可或缺的好夥伴！

交。不少聞到香氣的同學，雖然不好意思直接敲我的房門，
但是在走道上跟我打招呼時，眉眼間總是無意間透露渴望和
期待的表情。還記得我和小香成為朋友後，她也特別提到每
次在房間都會聞到湯香味，讓她纏得直流口水！

　　身為一名小廚娘，聽到如此肯定手藝的話，心裡特別滿
足，所以當我心情好、課業又不重的日子，就會邀請一、兩
位同學前來，享受一頓美味的私廚晚餐！

給我一個氣炸鍋，就可以做出一桌滿漢全席！

電鍋雖然好用，可蒸、可煮、可熬湯，但是總覺得還是欠缺了點什麼。沒過多久，又發現另一款好東西──氣炸鍋。

「Maureen，這個超級好用，必入手！」在美國念書的學姐大力推薦，二話不說趕緊在網路上訂了一款外觀精美、價格合理的氣炸鍋。結果，真是名不虛傳，能夠榜上有名還是有其道理。

有了氣炸鍋，我的菜單就更加多采多姿了，不但可以用拿來煎牛排、烤麵包、烤魚、炒菜、煎蛋，還可以炒青菜、烤地瓜和番茄等，簡直就是個萬能鍋。因此，我的料理菜單也越來越豐盛。除了週末跟同學出去打牙祭之外，平時就用氣炸鍋變化出各種簡單料理，諸如煎牛排、烤鮭魚配櫛瓜，甚至還可以烤香蕉蛋糕、巴斯克乳酪蛋糕等，從前菜、湯品、主餐，到飯後甜點應有盡有，可以說是只要一個氣炸鍋，就可以做出一桌滿漢全席！

但是，有一利必有一弊，大量製造美食的結果，就是我的體重也跟著往上爬升。還記得剛來卡達的時候，我那令人羨慕的窈窕身影、纖細大腿早已不見蹤影，現在的我好像吹了氣一樣，膨脹了一圈，那些帶來的美麗衣服，只剩下寬鬆的 T 恤塞得進去，更令人氣餒的是我最喜歡的一條短裙，居然在我蹲下時裂開，我的心也像這件裙子一樣整個裂開，丟臉死了。當下，我就下定決心，不能只顧著吃，也需要運動才行。不然還沒畢業，可能連宿舍門口都進不去了。

有了氣炸鍋，我的菜單就更加多元，一日三餐＋點心，都可以靠這一鍋解決。

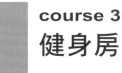
course 3
健身房

　　由於經歷過裙子裂開的糗事,讓我下定決心到健身房運動。

　　不得不說,在卡達,健身房是一個受歡迎的活動場所,特別是在城市中心和居住區域。卡達的健身房通常配備現代化設施,包括各種有氧設備、重量訓練區、瑜珈室、游泳池,甚至是專業的健身教練。許多健身房也提供各種健身課程,滿足不同需求的人群,從新手到專業運動員都能找到合適的運動項目。

我最喜歡的健身房是 Megaformer Studio，這是以皮拉提斯床器械為主的健身房，買課程不需要繳交年費，每堂課平均在卡幣 120（約 1,000 台幣），雖然不是非常平價，但是老師的專業度十分令人折服！

　　卡達人普遍注重健康和運動，健身在他們的生活中扮演著重要的角色。由於高溫的氣候，室內運動設施就更受歡迎了！因此，大多數人都會選擇健身房。許多卡達人會定期去

Megaformer Studio 是我最愛的健身房，擁有專業的皮拉提斯器械和教練，環境明亮整潔，即使累得說不出話，也很享受在這裡健身的樂趣。

FS8 GYM 是價格相對來說比較親民的健身房，教練的專業度也沒有因此而大打折扣。

健身房，不只是為了保持優美的體態，還可以讓身心更加健康，因為運動後產生的多巴胺，除了使心情放鬆，還是提升幸福感的快樂物質。

此外，卡達也舉辦各種運動活動和賽事，例如高爾夫球賽、網球賽、F1 賽車等賽事，這些活動吸引了大量的參與者和觀眾。體育在卡達文化中占有一席之地，人們熱愛參與和觀看各種體育賽事，從世界盃足球賽就可見端倪。

總的來說，卡達人對運動有著積極的態度，健身房是他們實現健康生活方式的一個重要場所。無論是在健身房裡鍛鍊，還是參與各種運動活動，運動已經成為卡達人生活的一部分。

　卡達留學是怎樣的？

course 4
種睫毛

　　愛美是人的天性，走到哪裡都是一樣，尤其是對多金的卡達人來說。

　　我們的學生活動中心也有美甲、美睫的服務，但是這些服務是提供給一般學生和對卡達不太熟悉的人使用，那些熟門熟絡的同學，例如卡達人或是其他留學生，都會直接在校外尋找手藝高超、服務卓越的美容中心。

為了美，就算清晨也要去做美睫

我的學姐阿文就是非常注重美甲和美睫的漂亮女生。她已經在卡達待了 3 年多，早已摸透大大小小的美容中心，哪一家的環境最好，哪一位美容師的技術好，價格如何等等，只要有關「美」的事請教她，一定可以得到滿意的答案。

若是要種睫毛，她推薦一位從中國來的單親媽媽，離婚後隻身帶著孩子到卡達開美容院，短短幾年，生意就爆棚！每次想要預約，都要提前半個月以上才能排上療程。

我曾問她，這位美睫師這麼難約，怎麼還是只找她？

阿文說：「我試過許多美睫師，只有這位中國媽媽種的睫毛，不會使我過敏。即使收費不斐，還是她的忠實鐵粉！」阿文的眼睛很大，接上長長的睫毛後，眼睛更加靈動有神，所以為了愛美，她經常拜訪中國媽媽。

有一次她臨時需要參加一個重要聚會，提早一個星期都預約不上，阿文急了，因為她覺得沒有美美的睫毛就像穿著睡衣出門一樣，太邋遢了。所以她苦苦哀求中國媽媽一定要排出時間來，結果，凹出來的時間竟然是聚會當天的清晨 6 點半。換句話說，她必須 5 點多起床，趕一場 6 點半的美容約。

聽聞後，內心不禁感嘆：「為了美麗，實在太拚命了！」幸好她有我這位好姊妹願意一起陪她趕早出門，但我是去趕一堂強力的皮拉提斯課程，不是種睫毛。

course 5
小嬿的
課堂插曲

　　課堂上大部分時間都是安靜的，除了老師的聲音之外，願意發表言論或提問的同學並不多。

　　安靜的原因有很多，很難判定是老師說得太好，讓大家都輕而易舉地理解或是相反，大家都不知道該如何回答，所以選擇不開口……。

小嬿是比較特殊的一個，她對老師的問題經常有問必答，甚至還會提出她的見解，有時候因為話多而密，讓老師開口請她閉嘴，把機會讓給其他的同學，即便其他人都很沉默，不願開口。剛開始的時候，我也覺得她話太多，不只發表意見，還經常追根究柢把一個問題延伸到其他問題上面，一堂課的時間，往往在她不斷發表言論的時光中消逝。

　　直到有一次，我們被指定同組做案例，還必須上台報告，才轉變對她的看法。

不拘泥於傳統的閱讀愛好者

　　小嬿也是卡達本地人，不過她跟許多卡達女性最不同之處在於，她很喜歡閱讀。因為閱讀，我們聊著天馬行空的話題，可以撇開網路上的流行訊息，甚至是許多價值觀和文化差異的分享與探討。她很健談，交友廣闊，不是傳統卡達女生那種整天拎著香奈兒包、坐著私家車進出校門的嬌嬌女。

　　她會自己駕著紅色的法拉利跑車，載著我在市區裡東奔西跑，和我分享她的寶藏書店在哪裡，哪個角落有什麼特殊的歷史，或者是她曾經在歐洲某處發生的事情等等。她最要好的朋友是在康乃爾大學讀醫學院的一個遠房親戚，兩個人會跑到我的小房間來聊天，吃我帶來的鹹蛋黃鍋巴零食，喝手作的抹茶拿鐵。我也會去她家吃傳統的阿拉伯菜，他們家人對我這個從中國來的女孩都很好奇。

　　以前從來就沒有想過，出國旅遊需要經過父親和兄長的

同意，但是在卡達的傳統家庭裡，女生出國必須取得家中男生首肯，才能獲准成行。許多條條框框不是我們所能理解的範疇，但是事實就是如此，雖然他們大部分都生活富裕，然而除了物質上的享受外，其實真的沒有許多讓我羨慕的地方。

　　來到卡達一年的時光裡，我依舊是個觀察者，好像參與各種儀式的人類學家，只想學習而不想歸屬。最主要的癥結在於文化的差異，入境隨俗是要學習並欣賞另一個文化的起步，但是要真正接受的話，則需要直面自己的偏見與恐懼，或許還有所謂佛洛伊德的偏執吧！

結語
給下一輪
留學盛世的備忘錄

　　抵達卡達後，我才逐漸意識到自己的幸福，自由自在地和男同學相處，無拘無束地聊天，從來就不構成困擾。但在中東地區因為宗教緣故，男女界線劃分得比較嚴格，所以要特別注意當地的禮儀規範。出國旅遊也不再需要經過父親批准，雖然我一定會告知父母，除了需要他們的經濟支援，最重要的是讓父母安心。在擁有自由的前提下，我也深刻感受到硬性的嚴格規定和個人意願之間，存在著難以咀嚼的差距。

　　卡達的文化和環境，讓我有了全新看待世界的角度，也學會尊重文化的多元性。唯有親臨現場，才發現大部分女性仍舊需要穿著傳統黑色阿拉伯長袍，即使是我們這些外國人也不能穿著暴露，例如緊身衣、迷你裙、無袖連衣裙、短褲等，才讓我更加珍惜可以在日常自由的穿戴，或許這正是許多人夢寐以求的狀態，能夠不受拘束地享受生活的美好。

　　進入西北大學卡達校區的這一年，不僅學習了許多相關的專業知識，最開心的是結交了來自世界各地的朋友。我們一同探索卡達的風土人情，品嚐當地美食，參與各種文化活動。這樣豐富多彩的生活經歷，使我學會反思和包容。同時，也深深體會到文化交流和尊重理解的重要性。

這段時間發現當地人對運動的熱愛，也讓我對卡達人有了新的認識。他們不僅擁有現代化的健身設施，還定期舉辦各種體育活動和比賽。身為一名美食愛好者的我，當然更要懂得維持健康好體態，所以只要一有機會，我就會參加在地活動，與當地居民一起健身，不僅讓身體更健康，還可以在活動當中發揮「國民外交」呢！

卡達的多元文化、友好的社會氛圍，以及對於學術和運動的注重，都讓我感受到一種獨特的生活魅力。卡達留學經歷對我的個人成長帶來豐沛的滋養，也為往後人生之路提供了更多美好可能性。

一如奧地利作家褚威格（Stefan Zweig）的回憶錄《昨日世界》（Die Welt von Gestern），描述自己年輕時在巴黎的時光，見證了歐洲人文薈萃的黃金年代。他說：「巴黎，一個青春永駐的城市……，只要是任何人年輕的時候曾經在巴黎待過一年，這段美好的時光，將會緊跟著她的一生。」不禁令我回想起，在卡達度過的點點滴滴，也會與我緊緊相隨。身處時有紛擾的時代，這段文字可說別具深意。

當我提筆寫下卡達的人文旅記，從第一篇文章到完成著作，這並非回憶錄，因為我還在路上（On the Road）！當風再起，下一輪留學盛世來臨之時，希望這本書有機會成為實用的備忘。我相信，這也將湧升一股不斷前行的動力，引領我帶著一雙發亮的雙眼、懷抱探索世界的熱忱，繼續走向寬廣無垠的旅程。

國家圖書館出版品預行編目 (CIP) 資料

卡達留學是怎樣的 ?: 擁抱美食、美景和我的聯合國同學們
/ 吳亭葳作 .-- 第一版 .-- 臺北市 : 博思智庫股份有限公司,
2024.02 面 ; 公分
ISBN 978-626-98034-2-2(平裝)
1.CST: 留學生 2.CST: 學生生活 3.CST: 卡達

529.263593   112022152

世界在我家 15

卡達留學是怎樣的？
擁抱美食、美景和我的聯合國同學們

作　　　者｜吳亭葳
編　　　審｜Sylvia
攝　　　影｜吳亭葳、Sylvia
插　　　畫｜李信迎
主　　　編｜吳翔逸
執 行 編 輯｜陳映羽
專 案 編 輯｜Eileen
美 術 主 任｜蔡雅芬
媒 體 總 監｜黃怡凡

發 行 人｜黃輝煌
社　　　長｜蕭艷秋
財 務 顧 問｜蕭聰傑
出 版 者｜博思智庫股份有限公司
地　　　址｜104 台北市中山區松江路 206 號 14 樓之 4
電　　　話｜(02) 25623277
傳　　　真｜(02) 25632892

總 代 理｜聯合發行股份有限公司
電　　　話｜(02)29178022
傳　　　真｜(02)29156275

印　　　製｜永光彩色印刷股份有限公司
定　　　價｜350 元
第一版第一刷 西元 2024 年 02 月

ISBN 978-626-98034-2-2
© 2024 Broad Think Tank Print in Taiwan

博思智庫股份有限公司

博思智庫粉絲團　　Facebook.com/broadthinktank